AF356794

MEMOIRES

POUR SERVIR

A L'HISTOIRE

DE LOÜIS XIV.

PAR FEU

M. L'ABBÉ DE CHOISY,

DE L'ACADEMIE FRANÇOISE.

TOME SECOND.

A UTRECHT,

Chez VAN-DE-WATER.

MDCCXXVII.

MEMOIRES

POUR SERVIR

A L'HISTOIRE

DE LOUIS XIV.

LIVRE CINQUIE'ME.

IL se fit à la Cour trois mariages qui meritent qu'on en fasse mention, celui de Mademoiselle de Murcé fille de Villette, Chef d'Escadre, & Cousin Germain de Madame de Maintenon; celui de Madame de Leuvvestein, & celui de Mademoiselle de Rambures. Les deux dernieres étoient Filles d'honneur de Madame la Dauphine. Mademoiselle de Murcé avoit tout ce qu'il faut pour se

bien marier : une protection si puissante
que la fortune de son mari paroissoit im-
mancable. Les jeux & les ris brilloient
à l'envi autour d'elle. Son esprit étoit
encore plus aimable que son visage ; on
n'avoit pas le tems de respirer ni de
s'ennuyer quand elle étoit quelque part.
Toutes les Chammellés du monde n'a-
voient point ces tons ravissans qu'elle
laissoit échaper en déclamant ; & si sa
gayeté naturelle lui eût permis de re-
trancher certains petits airs un peu co-
quets que toute son innocence ne pouvoit pas justifier, c'eût été une personne
toute accomplie. Le Comte de Quelus
l'épousa avec ses droits, ses esperances
& quelque pension. Le Roi le fit Menin
de Monseigneur, & la veille des nopces
il envoya à l'accordée un Colier de perles de dix mille écus. On ne pouvoit
trop s'étonner que Madame de Maintenon la mariât si médiocrement, & l'on
ne sçavoit pas encore que la moderation
étoit sa vertu favorite. Elle avoit refusé
genereusement de la donner à Boufflers.
Cet habile Courtisan passant par dessus
les bruits fâcheux & ridicules qui avoient
couru, la demanda en mariage ; c'étoit
un fort bon parti pour elle ; il étoit déja

Lieutenant General , & Colonel General des Dragons , & l'on jugeoit aisément à ses allures que le Bâton ne lui
pouvoit pas manquer ; il la demanda, il
eut le plaisir d'entendre de la bouche de
Madame de Maintenon ces paroles dignes d'être gravées en lettres d'or : M.
ma Niéce n'est pas un assez bon parti
pour vous , mais je n'en sens pas moins
ce que vous voulez faire pour l'amour
de moi , & je vous regarderai à l'avenir
comme mon neveu. Cette alliance
adoptive ne lui a pas nui dans la suite.
Il eut trois mois après le Gouvernement
de Luxembourg.

Madame de Leuuvestein étoit niéce
du Prince Guillaume de Fustemberg
Evêque de Strasbourg & nommé au Cardinalat. On l'appelloit Madame , parce
qu'elle étoit Chanoinesse de Torn, Chapitre celebre en Allemagne, où pour être
receu il faut faire des preuves de seize
quartiers de Princes ou de Comtes Sou-
verains de l'Empire. Elle étoit belle comme les Anges, dans une jeunesse riante,
une taille fine , les yeux brillants , le
teint admirable , les cheveux du plus
beau blond du monde , un air enga-
geant , modeste & spirituel ; elle avoit

eu une fort bonne conduite dans une
place fort gliffante , & les petites fautes
de fes compagnes n'avoient pas peu contribué à faire valoir fon merite. Le Marquis de Danjeau Chevalier d'honneur
de Madame la Dauphine devint amou-
reux d'elle & fongea à l'époufer , il croyoit avoir affez de bien pour faire la fortune d'une fille qui n'avoit pour dot,
qu'une grande naiffance, de la beauté ,
& de la vertu. Il fe flata peut-être qu'à
la confideration du Prince Guillaume on
feroit affeoir fa femme qui étoit & lui
auffi d'affez bonne maifon pour cela.
D'ailleurs Madame de Maintenon pref-
foit l'affaire , elle s'eft toûjours fait honneur de proteger les perfonnes de qualité quand la mauvaife fortune n'a point
ébranlé leur vertu, ainfi l'amour foute-
nu d'un grain d'ambition conclut ce mariage. Les fiançailles fe firent dans l'anti-
chambre de Madame la Dauphine en
prefence du Roi , & les époufailles dans
la Chapelle du Château , mais il y eut
beau bruit ; & le lendemain quelque
bonne ame (ce fut Mademoifelle de
Rambures) alla tout courant dire à Madame la Dauphine, Vraiment, Madame , je viens de voir une belle chofe ,

Leuweftein a été mariée tout comme
vous , & le Curé l'a nommée tout haut
Sophie de Baviere. Comment ! reprit
Madame la Dauphine, il ne l'a pas nommée Comteffe de Leuuveftein , & là-
deffus elle fe mit fort en colere , & fe fit
raporter le Contrat de Mariage , & voulut abfolument qu'elle fignât Comteffe
de Leuuveftein.Pour voir qui avoit tort
ou raifon , voici le fait. Vers l'an 1350.
Frederic le Victorieux, après la mort de
fon Frere , l'Electeur Palatin, prit l'ad-
miniftration de l'Electorat pendant l'enfance de fon Neveu. Quelques années
après, fous pretexte de mieux défendre
le Pays , attaqué par des ennemis puif-
fans, il prit le titre d'Electeur. Les Etats
lui reprefenterent le droit de fon Neveu,
il en convint & déclara qu'il alloit époufer Claire de Dettinguen , fimple De-
moifelle,afin que les enfans qu'il en auroit , venant d'une mere qui n'étoit ni
Princeffe,ni Comteffe de l'Empire , ne
fuffent pas en droit , après fa mort, de
difputer l'Electorat à fon Neveu.Il donna , dans la fuite , aux enfans qu'il eut
de Claire de Dettinguen le Comté d'E-
veftein,& ils fe font depuis acquis celui
de Leuuveftein.Après la mort de Frede-

ric le Victorieux , son Neveu fut Electeur , il eut des enfans & des petits-en-
fans,qui , étant morts sans Enfans, l'E-
lectorat passa à la branche de Simerin
sans que les petits Comtes d'Evestein &
de Leuuvestein fussent écoutez sur leurs
prétentions bonnes ou mauvaises , car
ils prétendoient qu'on ne leur avoit fait
ceder leurs droits qu'à la branche aînée.
Quoi qu'il en soit,margré leur naissance
légitime , que personne ne leur dispute ,
& quoi qu'ils soient bien veritablement
de la Maison de Baviere , ils n'ont jamais tenu en Allemagne que le rang de
Comtes.

Quant au surnom de Baviere , on
peut dire que les Princes & les Comtes ,
en Allemagne , në portent point de surnom , parce que tous les Cadets d'une
Maison prennent à perpetuité les titres
de Terres qui appartiennent à leurs Armes, & ausquels ils peuvent succeder.
Néanmoins comme Leuuvestien étoit
dans un cas particulier,on trouve dans la
Ville de Heilderberg une Epitaphe d'un
Comte de Leuuvestein , qui est nommé
Louis de Baviere. Madame de Dangeau,
en se mariant en France , avoit crû devoir suivre les Coûtumes du Pays où elle

s'établissoit & prendre le surnom de Baviere.

Les Comtes de Leuuvestein ses freres l'avoient pris en prêtant Foi & Hommage à la Chambre de Mets , & personne n'y avoit trouvé à redire. Madame la Dauphine ne voulut pas écouter les raisons qu'on vouloit lui alleguer là-dessus, & il fallut passer par : *Tel est nôtre plaisir.* On reforma le Contrat de mariage ; mais le Roi eut la bonté de faire écrire dans toutes les Cours d'Allemagne,qu'il ne prétendoit pas que cela fît aucun tort à la maison de Leuuvestein. On ne fit point de querelle à Madame de Dangeau sur les armes de Baviere , qu'elle porta sur le tout comme tous ceux de la maison de Leuuvestin. Huit jours après, le Roi choisit le Comte Philippe de Leuuvestin frere de Madame de Dangeau pour être Abbé & Prince de Morbac ; il étoit l'un des trois que les moines avoient presentez à Sa Majesté.

Mademoiselle de Rambures se maria avec le Marquis de Polignac, elle n'étoit pas fort riche , mais elle avoit de bons amis ; Monseigneur pressa fort le Roi de la marier, & lui fit donner cinquante mille écus.

A iiij

On vit à Paris la même année à la face
de Dieu & des hommes, une cérémonie
fort extraordinaire. Le Maréchal de la
Feüillade fit la confecration de la Statuë
du Roi qu'il avoit fait élever dans la
place nommée des Victoires. Le Roi eft
à pied & la Renommée lui porte une
Couronne de laurier fur la tête. C'eft le
plus beau jet, qu'on ait encore veu. La
Feüillade fit trois tours à cheval autour
de la Statuë à la tête du Régiment des
Gardes dont il étoit Colonel, & fit toutes les profternations que les Payens faifoient autrefois devant les Statuës de
leurs Empereurs. Le Prevôt des Marchands & les Echevins étoient préfens,
il y eut le foir un feu d'artifice devant
l'Hôtel de Ville, & des feux par toutes
les ruës. Bullion Prevôt de Paris pretendoit devoir affifter à la Cérémonie à la
tête du Châtelet & marcher au côté gau-
che du Gouverneur. Il fondoit fa preten-
tion fur un Livre imprimé des Antiqui-
tez de Paris où il eft dit que lorfque la
Statuë d'Henri IV fut placée fur le Pont
neuf, le Gouverneur, le Prevôt de Paris, le Lieutenant Civil & le Prevôt des
Marchands & Echevins y affifterent ;
mais le Roi ayant apris qu'en 1639.

lorsque la Statuë de Louis XIII. fut élevée dans la place Royale, le Prevôt de Paris ni le Châtelet ne s'y étoient pas trouvez, il decida contr'eux, & ils ne s'y trouverent point. On dit que la Feuillade avoit dessein d'acheter une Cave dans l'Eglise des petits Peres & qu'il prétendoit la pousser par dessous terre jusqu'au milieu de la place des Victoires, afin de se faire enterrer precisément sous la Statuë du Roi. Il avoit eu aussi la vision de fonder des lampes perpétuelles qui auroient éclairé la Statuë nuit & jour. On lui retrancha le jour. Les Villes de Dijon, d'Arles de Reims & plusieurs autres firent dans la suite élever des Statuës en l'honneur du Roi.

Je vais raporter ici une chose assez singuliere de M. de la Feuillade; il étoit fort ami de ma mere, & en lui parlant il l'apelloit toûjours ma bonne amie. Un jour à S. Germain ma Mere étant logée à l'Hôtel de Richelieu, la Feuillade entra dans sa Chambre, j'étois au chevet du lit de ma Mere, qui me faisoit écrire à la Reine de Pologne, il fit sortir Marion, sa femme de chambre, ferma la porte & commença à se promener à grands pas, comme un furieux, il jetta son Chapeau par terre, & disoit tout haut, non, je n'y puis plus tenir, je suis percé de coups, j'ai eû trois Freres tuez à son service, il sçait que je n'ai pas un sol, & que c'est Prudhomme qui me fait subsister, & il ne me donne rien : Adieu, ma bonne amie, disoit-il, en s'addressant à ma Mere, qui étoit dans son lit : Adieu, je m'en vais chez moi, & j'y trouverai encore des Choux. Ma mere lui dit : vous êtes fol, ne connoissez-vous pas le Roi ? C'est le plus habile homme de son Royaume, il ne veut pas que les Courtisans se rebutent, il les fait quelquefois attendre long-tems, mais heureux ceux dont il exerce la patience, il les accable de bienfaits, attendez encore un peu & il vous donnera assurément, puisque vos services meritent qu'il vous donne : mais au nom de Dieu, renouvellez d'assiduitez, paroissez gay, demandez tout ce qui vacquera ; si une fois il rompt sa gourmette de politique, s'il vous donne une pension de mille écus, vous êtes grand Seigneur avant qu'il soit deux ans ; il la crut, fit sa cour à l'ordinaire & s'en trouva bien ; sa fortune égala celle de M. la Rochefoucault, autre Griselidis parmi les courtisans, qui après avoir été quinze ans de tous les plaiſirs du Roi, & preſque ſon favori, ſans avoir de chauſſes, paſſa tout d'un coup de la ſouveraine indigence à la ſouveraine opulence, par la ſource intariſſable des graces que le Roi fit couler chez lui, dans le temps qu'il s'y attendoit le moins, & qu'il commençoit auſſi à deſeſperer: mais il n'a jamais ſçu profiter des liberalitez du Roi, & quand on lui donnoit cent mille écus, ſes valets en prenoient d'abord cinquante.

Il y avoit trois ans que Pelletier étoit Controlleur Général, & comme en tems de Paix les affaires vont toutes ſeules, & qu'il ne faut point chercher des reſſources nouvelles, les moyens ordinaires ſuffiſant à tous les beſoins, le Roi étoit fort content de lui, & lui faiſoit ſouvent des gratifications. Il venoit de lui donner Cent mille liv. lors qu'il lui acorda l'agrément de la Charge de Préſident à Mortier, vacante par la mort du Préſident le Coigneux, & il lui donna encore cinquante mille écus pour lui aider à payer les trois cens cinquante mille livres. On l'apelloit le petit Miniſtre du vivant de M. le Tellier. Il copioit dans ſes manieres modeſtes. On l'accuſoit de

n'être pas fort habile , mais s'il n'avoit
pas l'esprit aussi fin que son Patron , il
avoit peut-être le cœur aussi bon.

Il avoit peine à promettre , mais l'on
pouvoit se fier à lui , quand une fois il
avoit promis. Il est vrai qu'étant homme
de bien & fort scrupuleux , il ne pouvoit prendre son parti sur rien de peur
de se tromper & de faire tort à quelcun.
Cela me fait souvenir de ce que m'a conté l'Evêque de Bayeux. Il alla un jour à
Chaville avec l'Evêque de Coutances,
voir le Chancelier le Tellier ; dans la
conversation , le discours étant tombé
sur M. le Pelletier, M. le Tellier leur demanda s'ils sçavoient comment il avoit
été fait Controlleur Général,& le leur
conta de cette maniere. Après la mort de
M. Colbert, le Roi me dit un jour, M le
Tellier, j'ai envie de mettre les Finances
entre les mains de M. le Pelletier, qu'en
pensez-vous? Sire , lui repondis-je , Votre Majesté ne doit pas me croire , le
Pere de M. le Pelletier a été mon tuteur,
& j'ai toûjours regardé ses enfans comme
les miens. N'importe, dit le Roi , dites-
moi ce que vous en pensez? Sire, j'obéis.
M. le Pelletier est homme de bien &
d'honneur fort appliqué ; mais je ne le

crois pas propre aux Finances , il n'eſt
pas aſſez dur. Comment ! reprit le Roi,
je ne veux point qu'on ſoit dur à mon
peuple ;puiſqu'il eſt fidele & appliqué, je
le fais Controlleur Géneral. Voila ce
que l'Evêque de Bayeux m'a conté. La
ſuite a bien fait voir que M. le Tellier
connoiſſoit ſon homme , puiſqu'il a été
obligé de ſe décharger ſur M. de Pontchartrain d'un poids trop peſant. Or ce
M. de Pontchartrain étoit bien un autre
génie ; auſſi fidele & pour le moins auſſi déſintereſſé , infatigable au travail ,
qui voit tout , qui peut tout , qui a
trouvé le moyen de fournir depuis huit
ans cent cinquante millions par an, avec
du parchemin & de la cire , en imagi-
nant des charges & faiſant des marottes,
qui ont été bien venduës : modeſte dans
ſa fortune , n'ayant reçû du Roi aucune
gratification hors peut-être une Charge
de Conſeiller au Parlement pour ſon fils;
décifif , faiſant plus d'affaires en un
jour que l'autre n'en faiſoit en 6. mois,
aïant pour maxime qu'il faut toûjours
aller en avant quand même on devroit
ſe tromper quelquefois, ſauf à revenir
ſur ſes pas , & réparer ſans rougir les
fautes qu'on auroit faites par trop de

précipitation , & je suis témoin que cela lui est arrivé une fois ou deux , sans qu'il en fut embarrassé , ce qui me paroît héroïque à un Ministre , qui d'ordinaire n'aime pas avoir tort : il est pourtant vrai qu'on se plaint , car quoi qu'il soit mon ami, *magis amica veritas*, j'en dirai le bien & le mal.

On se plaint qu'il n'entre pas assez dans l'affliction des particuliers , & que quand un pauvre homme , ruïné par une taxe , vient lui demander quelque modération , il lui dit , avec un visage riant, M. il faut payer , au lieu qu'il diminueroit le mal du patient, en témoignant y prendre part , par un visage triste , ou seulement en haussant les épaules : j'ai oüi dire à un homme , qui sortoit de son Audiance, j'aimois encore mieux le pli du front de Colbert.

Je ne sçaurois m'empêcher de dire ici deux mots d'une nouvelle Hérésie qui fait beaucoup de bruit dans l'Eglise.

Les erreurs des Quiétistes sont tirées, pour la plûpart, de quelques passages mal entendus des plus devots & des fameux Auteurs qui ont écrit sur l'Oraison mentale ; ils prétendent que quand une fois on s'est donné à Dieu de tout

son cœur , on doit être dans un saint
repos, ce qu'ils apellent l'état de quiétude, ou l'Oraison de quiétude,ce qui leur
a fait donner le nom de Quiétistes ; car
ils disent , pour ne pas troubler cet état
de quiétude . qu'il ne faut pas se mettre
en peine de faire de nouveaux actes d'a-
mour à Dieu , qu'il faut s'abandonner
entierement aux mouvemens de l'esprit
Divin , sans s'embarasser ni des Mysté-
res , ni des Cérémonies, & que la partie
supérieure de l'ame étant dans un saint
repos , elle ne doit pas prendre garde à
tout ce qui arrive à son imagination, &
même à son Corps. Ces maximes une
fois reçûës dans les esprits contempla-
tifs, y produisent tous les jours de nouvelles erreurs ; & dans les cœurs liber-
tins , elles sont suivies d'une infinité de
désordres scandaleux : Molinos, Docteur Espagnol , homme d'une grande
pieté exterieure , & d'une imagination
fort vive , étoit regardé comme le Chef
des Quiétistes ; sa Doctrine avoit de
quoi contenter les esprits spéculatifs &
les vicieux ; les dévots de bonne foi y
trouvoient assez de quoi se laisser sur-
prendre , & en peu de tems elle s'étoit
répanduë par toute l'Italie ; il est même

certain que le Pape Innocent XI. estimoit personnellement Molinos ; il a depuis donné le Chapeau de Cardinal à
Petrucci , qui a écrit à peu près les mêmes choses que Molinos , & qu'on regardoit dans Rome comme le premier
de ses Disciples ; & l'on prétend que Sa
Sainteté auroit eû peine à permettre qu'on
fit le Potcès aux Quiétistes, si le Roi,
étendant son zele contre les Hérétiques
au-delà des bornes de ses Etats , n'avoit
ordonné au Cardinal d'Estrées de lui remontrer la nécessité absoluë de s'opposer à une Hérésie qui s'insinuoit si agréablement. Ce fut sur les remontrances de
ce Cardinal que la Congregation du
saint Office travailla au Procès de Molinos ; le Cardinal d'Estrées , qui étoit de
cette Congregation , y exposa , avec
beaucoup de science & de zele , tout ce
qu'il y avoit de dangereux dans cette
Doctrine, & fit si-bien que la Congregation fit mettre en prison Molinos , &
que'ques-uns de ses Sectateurs. Elle con-
damna ensuite vingt-deux Propositions,
tirées de ses Ouvrages.

Cependant le mal du Roi s'étant aug-
menté considerablement , & les Médecins & Chirurgiens , n'ayant fait que
l'adoucir ,

l'adoucir, au lieu de l'approfondir, il
réfolut d'aller à Barege, & partir vers
les Fêtes de la Pentecôte. Il nomma
pour être dans fon Carroffe, Monfei-
gneur, Monfieur, Madame de Bourbon, la Princeffe de Conti, & Madame
de Maintenon. Il y avoit deja cinq ou
fix ans que le Roi donnoit des marques
affez publiques de la confideration particuliere qu'il avoit pour Madame de
Maintenon. Il l'avoit fait Dame d'atour
de Madame la Dauphine, elle avoit eû
foin de l'éducation de M. le Duc du
Maine, ce qui lui avoit donné mille occafions de montrer au Roi de quoi elle
étoit capable: Son efprit, fon jugement,
fa droiture, fa piété & toutes fes vertus,
qui ne gagnent pas toûjours les cœurs
auffi vîte que la beauté, mais qui éta-
bliffent leurs conquêtes fur des fonde-
mens biens plus folides & prefque iné-
branlables. Elle n'étoit plus dans une
fort grande jeuneffe, mais elle avoit les
yeux fi vifs & fi brillans, il paroiffoit
tant d'efprit fur fon vifage, quand elle
parloit d'action, qu'il étoit difficile de la
voir fouvent, fans prendre de l'inclination pour elle. Le Roi, accoûtumé dès
fon enfance au commerce des femmes,

avoit été ravi d'en trouver une qui ne lui parloit que de vertu; il ne craignoit point qu'on dît qu'elle le gouvernoit, il l'avoit reconnuë modeste & incapable d'abuser de la familiarité du Maître. D'ailleurs il étoit tems pour la santé de son corps & pour celle de son ame qu'il songeât à l'autre vie , & cette Dame étoit assez heureuse pour y avoir songé de bonne heure. La retraite austére à laquelle les personnes en faveur sont presque toûjours condamnées , ne lui faisoit aucune peine; ce fut une grande distinction pour elle d'être nommée pour faire le voyage de Barege avec le Roy , & d'autant plus grande , qu'il fit dire en même tems à Madame de Montespan qu'elle n'iroit pas , ce qui lui donna de furieuses vapeurs ; la préference d'une personne qu'elle estimoit beaucoup au-dessous d'elle la mettant hors des gons. Elle avoit déjà eu le chagrin de s'entendre prononcer l'Arrêt de sa condamnation par une bouche qui lui étoit devenuë odieuse. Madame de Maintenon lui avoit déclaré de la part du Roi en termes exprès, qu'il ne vouloit avoir avec elle aucune liaison particuliere, & qu'il lui conseilloit de son côté de songer à son

falut, comme il y vouloit fonger du fien.
C'étoit de grandes paroles qu'elle n'a-
voit pas voulu porter légerement, elle
s'en étoit fait prier plufieurs fois, en di-
fant au Roi, qu'il auroit peut-être de la
peine à les foûtenir ; mais il l'en avoit
tant preffée, qu'à la fin elle l'avoit fait,
& la paille étant une fois rompuë, elle
avoit eû le courage de l'en faire fouvenir de tems en tems, de peur que la
bonté de fon cœur, & une lougue habi-
tude, ne le fît broncher, & peut - être
tomber tout-à-fait.

Madame de Montefpan s'en alla à Paris dans fa maifon de faint Jofeph, pour
y décharger une bile noire qui la fuffo-
quoit ; elle envoya querir Madame de
Miramion la plus fameufe dévote du
tems, pour voir fi une converfation
toute de Dieu, lui pourroit faire oublier
les hommes ! Ah ! Madame, lui dit elle,
en l'embraffant, il me traite comme la
derniere des femmes, & cependant depuis le Comte de .... je ne lui ai pas
touché le bout du doigt. La bonne dévote, à ce qu'elle m'a dit, fe feroit bien
paffée de la confidence. Le lendemain
Madame de Montefpan, fans prendre
congé du Roi ni de perfonne, s'en alla

à Ramboüillet. Le Roi permit à Mada-
moiselle de Blois de la suivre, & le dé-
fendit au Comte de Toulouse ; mais au
bout de huit jours, le Roi se trouvant
fort soulagé, & en état de monter à
cheval, il déclara qu'il n'iroit point à
Barege, ce qui fit un grand plaisir aux
Courtisans qui n'aiment pas la dépense,
quand ils ne la croient pas necessaire à
leur fortune. Monsieur à force de prieres, avoit obligé le Roi à montrer son
mal à Bessiere, fameux Chirurgien de
Paris, qui n'avoit pas crû que Barege fût
nécessaire. Aucun Chirurgien ne l'avoit
encore vû que Felix; & quoiqu'il fût ha-
bille, l'experience journaliere lui manquant, ainsi qu'à tous les Médecins &
Chirurgiens de la Cour, il avoit besoin
de conseil.

Dès que le Roi eut résolu de ne point
faire le voyage, il eut la bonté ou la foiblesse de le mander à Madame de Montespan, qui étoit encore à Ramboüillet,
& qui partoit le lendemain pour Fon-
tevraud ; elle fut transportée de joye ;
& revint toute courante à Versailles.
Là elle esperoit encore de rengager un
Prince qui avoit pour elle tant d'é-
gards; & se flattant d'être encore aimable, elle attribuoit à un reste de passion

ce qui ne venoit que de politeſſe. Le Roi l'avoit quittée de pure laſſitude. La ſurprenante & éclatante beauté de Mademoiſelle de Fontanges l'avoit emporté ſans reflexion, & preſque malgré lui. Il avoit été touché de ſa mort précipitée, & s'étoit rendu enſuite aux ſages conſeils de Madame de Maintenon; elle avoit trouvé le bon moment pour lui faire ſentir l'horreur d'un état preſque ſemblable à celui de David aimant Bethſabée; & lui avoit fait enviſager quel ſeroit ſon bonheur, ſi après avoir regné avec tant de gloire pendant près de quatre-vingt ans, & peut-être davantage, ſur la plus belle partie du monde, il pouvoit devenir un grand ſaint, & paſſer pour toute l'éternité dans un Royaume infiniment plus beau, & plus ſouhaitable que l'Empire de tout l'Univers; elle l'avoit fait entrer peu à peu dans les vûës de l'Eternité, & s'étoit acquis par-là auprès de lui une faveur d'autant plus ſolide, que les interêts humains n'y avoient aucune part.

Dès que Madame de Monteſpan fut revenuë à Verſailles, le Roi alla chez elle, & continua à y paſſer tous les jours en allant à la Meſſe; mais il n'y étoit

qu'un moment, & toûjours avec ses
Courtisans, de peur qu'on ne le soup-
çonnât de reprendre des chaînes rom-
puës depuis plusieurs années.

Le Roi au commencement de l'Eté,
afin de tenir ses troupes en haleine, avoit
marqué quatre Camps pour la Cavalerie ; le premier en Flandres commandé
par Montbron ; le second sur la Farn
par Saint Ruth ; le troisieme sur la Sarre
par Buloude ; & le quatriéme sur la
Charente commandé par Boufflers, qui
avoit assez peu d'esprit, mais que beaucoup de courage & de bravoure, & une
application extraordinaire, commen-
çoient à faire valoir. Le Comte de Tessé,
quoiqu'il ne fût encore que Brigadier,
alla commander en Dauphiné à la place
de Saint Ruth. Il étoit jeune & promettoit beaucoup ; une presence agréable,
du courage, beaucoup d'esprit, de l'ambition, & une diligence à la Boufflers
lui tenoient lieu d'experience, & l'on jugeoit aisément qu'il pouvoit aller loin.
On sera peut-être bien aise d'apprendre
ici une des premieres causes de sa fortune:
il revenoit à Paris de sa garnison lorsqu'il
rencontra vers Château - Thierry Messieurs les Princes de Conty qui couroient

la poste. Ils lui dirent qu'ils alloient en Hongrie & qu'ils étoient partis sans congé du Roi. Il osa leur remontrer qu'ils faisoient mal, ils se mocquerent de lui & renouvellerent de jambes ; Tessé leur dit, Messieurs, je ne vous quitterai point & je m'en vais envoyer un courier au Roi, pour lui dire où vous êtes ; ils se mirent à rire en disant, ton courier ne sera pas à Versailles, que nous serons hors du Royaume ; il ne laissa pas de l'envoyer & prit des Chevaux de Poste avec eux, & toûjours plaisantant les suivit jusqu'à ce que M. le Prince de Conty receut la Lettre par laquelle le Roi lui juroit parole de Roi que s'il ne revenoit incessamment, il ne rentreroit jamais dans le Royaume de son vivant. Tessé redoubla ses bons avis, & les Princes, tout murement consideré, revinrent à Versailles & demanderent pardon.

Le Roi d'Angleterre avoit aussi un Camp dans son Païs, il s'imaginoit qu'en tenant 30000. hommes sur pied & les payant bien, il seroit toûjours en état de faire tout ce qu'il voudroit : pauvre Prince qui ne songeoit pas que ces 30000. hommes étoient des Anglois tout prêts à l'abandonner dès qu'il voudroit entreprendre la moindre chose contre leurs libertez ; je me souviens à ce propos d'avoir oüi dire à Savil envoyé extraordinaire du Roi d'Angleterre en France , comblé de biens-faits de son Maître , qu'il seroit le premier à prendre les armes contre lui s'il abusoit de son autorité ; & s'il choquoit le moins du monde les Loix du Royaume.

Il y eut à Versailles au mois de Mai un Carousel fort magnifique , composé de trente Cavaliers,& de trente Dames. Le Roi & Madame la Dauphine se rendirent dans les grandes Ecuries à la chambre de M. le Grand d'où ils virent la marche , la Comparse & les Courses. On courut d'abord les Têtes en deux courses. Le Grand Prieur , le Marquis de Nesle , Murcé , le petit Duras , & Nangis emporterent chacun sept Têtes, & disputerent le prix. Ils recoururent tous cinq , le grand Prieur & le Marquis de Nesle se le disputerent long-tems , & emporterent chacun les quatre têtes. Le Roi y prenoit fort grand plaisir , lorsque le vieux Duc de saint Aignan qui avoit été nommé Juge du Camp à cause de sa grande expérience en ces sortes de combats, vint dire tout

haut

haut que ces Messieurs demandoient à partager. La proposition déplût tellemeut au Roi, qu'il se leva & rompit les courses, & dit que ni l'un ni l'autre n'auroit le prix, que tous les Chevaliers rentreroient dans leurs droits,& que le Carrousel recommenceroit le lendemain. Le pauvre Marquis de Nesle n'avoit aucune part à tout cela, même le grand Prieur prétendit que le vieux Saint-Aignan avoit mal entendu & qu'il n'avoit jamais fait une proposition si ridicule.

Le lendemain le Roi se rendit au même lieu à cinq heures du soir. Monseigneur emporta d'abord sept têtes, & l'on esperoit qu'il auroit le Prix, lorsque le Comte de Brienne fut assez innocent pour les emporter toutes huit. Personne ne les lui disputa. Après les têtes, on courut la Bague pour le second Prix. Le Grand Prieur le gagna, & finit. Le Roi donna les deux Prix, qui étoient deux Epées de Diamans, le premier beaucoup plus grand que le second; j'oubliois à dire que les Princesses y brillerent extrêmement. La magnificence des habits, des aigrettes de plumes; les Perles & les Diamans faisoient paroître encore davantage les graces qu'elles avoient reçûës de la nature.

Le jour de la Pentecôte, le Roi fit quatre nouveaux Chevaliers de l'Ordre, sçavoir Monsieur le Duc de Chartres, Monsieur le Duc de Bourbon, Monsieur le Prince de Conty, & Monsieur le Duc du Maine. Il sortit de son apartement sur les onze heures pour aller à la Chapelle, & marcha en ordre avec tous les Chevaliers. Monseigneur marchoit seul devant lui, Monsieur seul, M. de Chartres seul, M. le Duc marchoit entre M. le Duc de Bourbon & M. le Prince de Conty Monsieur le Duc du Maine marchoit seul devant eux, & après lui, tous les autres Chevaliers deux à deux. Après la grande Messe qui fut dite par Monsieur l'Archevêque de Paris, Prélat de l'Ordre, SA MAJESTÉ se mit sur un marche pied dans un Fauteüil, & reçût le serment des quatre nouveaux Chevaliers. M. le Duc de Chartres fut presenté par Monseigneur & par Monsieur, faisant tous trois les reverences ensemble, & de front; puis vint M. le Duc de Bourbon entre M. le Prince & M. le Duc, ensuite M. le Prince de Conty entre les Ducs de Chaulnes & de saint Simon, & M. du Maine entre les

Ducs de Crequi & de saint Aignan. M.
de Montausier pouvoit disputer cet honneur à M. de saint Aignan, parce qu'il
avoit cedé son Duché à M. de Beauvil-
lier son Fils, mais il ne le voulut pas faire
& en fut loué. M. le Duc de Bourbon
pretendoit marcher dans cette Cérémonie côte à côte de M. de Chartres, ne le
voulant considerer que comme premier
Prince du Sang. Mais le Roi prononça
en faveur de M. le Duc de Chartres, à
qui en toutes occasions il donne rang
distingué des Princes du Sang.

Ce fut à peu près dans ce tems-là,
que Madame de Maintenon se servit de
sa faveur, pour faire le plus bel établissement qui ait été fait en France depuis cent ans, si l'on en excepte celui des
Invalides, qui doit passer devant. Elle
fit fonder par le Roi la maison de saint
Cyr, où deux cens cinquante Demoisel-
les, depuis l'âge de douze ans jusqu'à
vingt, doivent être nourries, entrete-
nuës & élevées selon leur qualité. Il doit
y avoir trente-six Dames de Chœur, qui
d'abord ne faisoient que des Vœux simples, mais qui depuis après une mûre
déliberation font les Vœux absolus de
Chasteté, de Pauvreté & d'Obéissance

& font comme les autres Religieuses.

Le Roi a uni à cette Maison la menfe Abbatiale de S. Denis qui vaut cent mille livres de rente, & lui a acheté des fonds de Terre pour cinquante mille livres de rente, à condition qu'on n'y pourra jamais recevoir aucune gratification que du Roi ou de fes fucceffeurs. Les Demoifelles, avant que d'y être reçuës, doivent faire preuves de quatre races du côté des Peres; les méfalliances fréquentes obligent à négliger le côté des Meres ; elles ont les places de Religieufes que le Roi donne dans toutes les Abbayes du Royaume, chaque fois qu'elles vaquent. Les bâtimens de faint Cyr ont été élevez avec une magnificence Royale, mais avec tant de précipitation qu'on y a fait des fautes confiderables, n'ayant pas laiffé le tems au bois verd de fécher avant que d'être emploïé. On a changé & rechangé plufieurs fois les conftitutions pour trouver le meilleur ; & l'Abbé Tiberge, Superieur des Miffions Etrangeres, y a employé beaucoup de tems & d'efprit.

Madame de Maintenon eft entrée dans le moindre détail avec une capacité & une patience bien au-deffus de fon fexe, mais neceffaire en cette occafion , & fi

fon zele ne l'avoit foutenue, les difficul-
tez toûjours nouvelles auroient été capables de la rebuter. Elle avoit depuis long-
tems l'idée de cet établiffement; la pauvreté où elle s'étoit vûë elle-même dans
le commencement de fa vie, malgré une
naiffance fort noble, la faifoit entrer
dans les befoins des filles de qualité, &
lui faifoient chercher les moyens de les
tirer de la pauvreté. Ce lui étoit tous les
jours une nouvelle occafion de remercier Dieu ; heureufe de pouvoir faire
aux autres, ce que dans de certains tems
elle eût été bien aife qu'on lui eût fait ;
j'ay même oüy dire que dès les premieres
lueurs de fa fortune médiocre, elle avoit
eu foin de quelques pauvres Demoifelles, tant elle étoit portée naturellement
à cette forte de charité : auffi quand elle
fe vit par avance au comble de la grandeur humaine, fon zele n'eut plus de
bornes, & il ne lui en fallut pas moins,
pour foulager d'une maniere fenfible
toute la Nobleffe du Royaume. Je ferai
obligé dans la fuite de ces Mémoires à
parler fouvent de faint Cyr.

Ce fut la même année que le Roi fit
un grand plaifir à M. le Duc, en lui accordant les grandes entrées, c'eft-à dire,

le droit d'entrer le matin dans sa chambre en même tems que les premiers Gentils-hommes de la Chambre, dès qu'il est éveillé, avant qu'il sorte du lit. Car quand il se leve, & qu'il prend sa robe de chambre & ses pantoufles, les Brevets entrent, & ensuite les Officiers de la Chambre & les Courtisans, pour qui les Huissiers demandent d'abord, & puis tout entre pêle mêle, pourvû que ce soit visage connu. M. le Duc n'étoit pas content depuis long-tems; le Roi n'avo t jamais voulu lui confier ses armées; il n'avoit eu de commandement que sous M. le Prince; cela l'avoit extrémement mortifié, & cependant une bagatelle le transporta de joye, & dissipa des chagrins qui peut-être n'étoient pas trop mal fondez.

Le Roi donna en même tems vingt mille écus à Villacerf pour la Vaisselle d'argent de la Reine, qui lui appartenoit, comme son premier Maître d'Hôtel, & cinquante mille livres à M. de Harlay, Procureur Général, pour lui aider à payer le Menil-montant, maison de plaisance, qu'il avoit achetée depuis peu; il donna aussi 10000. livres à M.... & 8000. livres de pension à M.

de Ville, Gentilhomme Liégois, qui a
inventé & conduit à sa perfection la machine de Marly. Personne ne lui plaignoit une pareille récompense, & c'est
à lui que nous avons l'obligation d'a-
voir de belles eaux à Versailles. Cette
Machine est admirable dans sa grandeur, & en même tems dans sa simplicité. Les Ambassadeurs Siamois em-
ployerent cinq heures à la comprendre
& à la faire dessigner ; & quand j'ai
demandé au gros Ambassadeur, avant
son départ, ce qu'il avoit trouvé de
beau en France, il me dit qu'après les
Troupes du Roi & ses Places de guerre,
c'étoit la machine de Marly.

Cependant la révocation de l'Edit de
Nantes, en nous affoiblissant par la dé-
sertion d'une infinité de braves gens, en
nous appauvrissant par le transport de
tant de milions hors du Royaume, faisoit la grandeur du Prince d'Orange; il
s'enrichissoit de nos pertes ; car d'abord
il se déclara Protecteur de tous les François refugiez en Hollande pour la Religion : il leur accorda des Privileges
dans toutes les Villes, il donna des pen-
sions à leurs Ministres, & prit auprès
de lui ceux qui avoient le plus de ré-

putation, comme Claude & Menard. Il se
servit de ceux qui sçavoient le mieux écrire, pour répandre infenfiblemeut dans
les esprits ce qui lui convenoit. Il leur
donna la permiffion de tenir des espe-
ces de Synodes nationnaux compofez
des feuls François ; & après s'être
affuré d'eux par la Religion, il les
engagea par fes bienfaits. Il obligea
les Etats Généraux à donner aux Officiers
François refugiez cent mille florins de
penfion qu'il diftribuoit à fa fantaifie,
& envoya enfuite plus de cinquante
Officiers dans les garnifons, où après
leur avoir fait prêter ferment de fidelité, il leur fit promettre de fervir contre tous les Princes du monde fans exception. Il donna des Charges à tous
ceux qu'il voyoit propres à entrer dans
les troupes, Officiers, ou Soldats, &
leur fit avoir des empiois au - deffus de
ceux qu'ils avoient eûs en France, afin
que les premiers pas qu'ils faifoient dans
fon Service, leur parût déjà un commencement d'élevation ; il ne négligea pas
même ceux qui n'étoient pas en état de
porter les armes, forma en Hollande
des Compagnies de Cadets. Il mit dans
fes Gardes l'Etang, qui après avoir été

à M. de Turenne, avoit eu un Régiment de Cavalerie. Il fit des gratifications à la Melomere, qui avoit été Brigadier en France, à Coulon Ingénieur, à la Caillemotte fils de Ruvigny, à Mirmont & à beaucoup d'autres, toûjours dans la penfée de fe fortifier contre la France, & d'avancer fes defleins fur l'Angleterre.

Me voici arrivé à une affaire où l'on me pardonnera bien fi je m'étends plus que de coûtume, c'eft l'affaire de Siam; elle m'a paffé par les mains; je marquerai beaucoup de petites particularitez fort ignorées du public; je tâcherai même de ne rien dire de ce qui eft dans mon Journal. Je protefte que j'ai toûjours dit vrai, mais que je n'ai pas toûjours dit tout ce que je fçavois. Or, dans ces Mémoires-ci je ne garderai point de mefures, & dirai tout fans déguifement.

J'étois tranquille dans le Séminaire des Miffions Etrangeres, lorfque Bergeret, premier Commis de M. de Croifi, & mon ancien ami, me vint voir. Il me conta dans la converfation, qu'il étoit venu des Mandarins Indiens, & qu'on parloit d'envoyer un Ambaffadeur au

Roi de Siam , pour lui propoſer de ſe
faire Chrétien ; qu'il y avoit beaucoup
de diſpoſition, & que c'étoit là un emploi digne d'un Eccleſiaſtique habile &
zelé; il me di- de plus qu'il me con-
ſeilloit d'y ſonger; & que ſi cela dépen-
doit de M. de Croiſi , mon affaire ſeroit
bientôt faite; mais qu'à cauſe de la Ma-
rine , elle étoit entierement au pouvoir
de M. de Seignelai.

Il n'en falut pas davantage pour me
mettre dans la tête l'ambition Apoſtolique d'aller au bout du monde convertir un grand Royaume. J'en parlai au
Cardinal de Boüillon , mon ami dès
l'enfance;& ſans perdre de tems , il alla me propoſer à M. de Seignelai ſon
ami. Ce Miniſtre lui dit qu'il venoit
trop tard ; que le Chevalier de Chaumont , homme de qualité & de vertu,
étoit nommé Ambaſſadeur;qu'on avoit
été aſſez embarraſſé à trouver un homme
propre à cet emploi-là ; que le Chevalier de Neſmond avoit été ſur les rangs,
& que deux jours plûtôt mon affaire
étoit faite. Le Cardinal me rendit cette
réponſe ; mais je ne perdis pas courage;
les idées de Miſſions étoient entrées trop
avant. Je lui repréſentai que le Cheva-

ſier de Chaumont pouvoit mourir en
chemin, & que l'Ambaſſade tomberoit
entre les mains de quelque Marin peu
verſé en ces ſortes de matieres; que la
Religion en pouvoit ſouffrir; que d'ailleurs le Roi de Siam, ſe voulant convertir, le Chevalier médiocre Théolo-
gien lui donneroit des inſtructions aſſez
ſuperficielles; enfin je le priai de demander pour moi la Coadjutorerie du
Chevalier & l'Ambaſſade ordinaire, en
cas que le Roi ſe fît inſtruire dans la
Religion Chrétienne. Il parla au Roi,
qui m'accorda ma demande, en diſant:
je n'avois pas encore oüi parler d'un
Coadjuteur d'Ambaſſade, mais il y a
raiſon à cauſe de la longueur & du pé-
ril d'un pareil voyage. L'affaire étant re-
glée, j'allai à Verſailles chez M. de
Seignelai pour y recevoir mes inſtructions; j'entrai dans ſon Antichambre à
trois heures, j'attendis patiemment
juſqu'à quatre, & je commençois à m'ennuyer; lorſque M. le Marquis de De-
nonville, qui s'en alloit Viceroi en Ca-
nada, y vint auſſi; il fit dire qu'il étoit
là, on lui répondit comme à moi, *adeſ-*
ſo, *adeſſo.* Nous nous mîmes à cauſer
enſemble; l'un alloit vers l'Orient, l'au-

tre vers l'Occident ; en causant, sonnent cinq , six & sept heures , sans qu'on songeât à nous donner audience. M. de Seignelai étoit dans son Cabinet avec Cavoye & trois ou quatre autres Commensaux rians de tems en tems à gorge déployée. J'admirois la patience héroïque d'un Mestre de Camp de Dragons , qui peut-être dans le fond n'étoit pas plus content que moi ; enfin on l'appella le premier ; il demeura un quart-d'heure dans le Cabinet ; on m'appella ensuite ; je ne sçai pas si on lui fit excuse de l'avoir fait attendre , mais pour moi on ne m'en dit pas un mot. Je partis deux jours après contre l'avis de tous mes parens en colere , peut-être pour ne pas être obligez de m'offrir une pistole. Il n'y eut au monde que le Cardinal de Boüillon qui me donna mille écus. Les Usuriers me fournirent tout le reste qui m'étoit nécessaire, & mirent sur ma tête à la grosse avanture ; ils s'en sont bien trouvez par la suite : mais pour moi si j'en ai rapporté le moule du pourpoint, mes affaires en ont été dérangées dix ans durant. Il faut bien du tems à un Ecclesiastique pour prendre sur ses revenus 20000. livres d'extraordinaire.

Mon Frere me fit souvenir d'une certaine Horoscope où l'on m'avoit dit beaucoup de choses qui me sont arrivées, & il y avoit, que je devois courir grande fortune sur l'eau. Je m'en mocquai, & partis; mais j'avouë que quoique je méprise ces sortes de pronostics, cela me revint à l'esprit à quatre mille lieuës d'ici, dans une tempête qui nous approcha fort près du centre du monde.

Nôtre voyage commença & finit fort heureusement; mais il y avoit cinq mois que nous étions sur la mer, sans que le Chevalier de Chaumont eût eu aucune ouverture pour moi; cela commençoit à me fatiguer. Je prévoyois que si cela duroit, je serois un O en chifre à Siam, lors qu'au travers de la cloison qui séparoit ma chambre de la sienne, je l'entendis ruminer sa harangue; je lui dis huit jours après, car il chantoit toûjours la même notte, que j'avois oüi les plus belles choses du monde; là-dessus il me mena dans sa chambre, & me la repeta; je la trouvai sans faute. Il commença à me parler de ce qu'il y avoit à faire en ce pays-là, & je lui donnai mes petits avis; il est bon homme, homme de bien, de qualité, mais il ne sçait pas la Géometrie. Je n'eus pas beaucoup de peine à lui faire sentir que par avanture, je pourrois lui être bon à quelque chose. Depuis ce jour-là, il ne crache plus sans m'en avertir ; mais il me vint à l'esprit une plaisante pensée : si l'Ambaſſadeur, diſois-je, alloit mourir en arrivant à Siam, & qu'il fallût que je fiſſe l'Ambaſſade, il faudroit faire une harangue : auſſi-tôt dit, auſſi-tôt fait, j'écrivis la harangue suivante, que je veux mettre ici pour me réjouïr. Je la trouvai en original, toute informe qu'elle eſt, il y a un an, dans un ſac de papiers que j'avois deſtiné au feu. La voici.

GRAND ROY,

Les marques d'eſtime & d'amitié que VOSTRE MAJESTÉ a donné au Roy mon Maître, en lui envoyant des Ambaſſadeurs & des préſens, l'ont touché ſenſiblement ; & quoiqu'ils ne ſoient point arrivez en France, & que ſelon les aparences ils ayent fait naufrage, il ne s'en eſt pas crû moins obligé à vous en témoigner ſa reconnoiſſance. VOSTRE MAJESTÉ connoît ſans doute le Roi mon Maître, les Na-

tions Européenes , qui font à fa Cour ,
lui en auront fait le portrait ; & quoique jaloufes de fa Gloire , elles auront
été forcées à rendre juftice à fon merite.
Toute la terre eft remplie du bruit de
fon nom, & les Ambaffadeurs de tant de
Provinces , venus de toutes parts recher-
cher fon Alliance , font retournez dans
leurs païs, l'efprit occupé , & le cœur
plein de fa grandeur. Il n'avoit que
vingt-deux ans quand il commença à
gouverner fes Royaumes , feul, fans Miniftre, voyant tout par lui-même, écou-
tant les plaintes des malheureux , rendant juftice à tout le monde : Tous fes
jours ont été marquez par des triom-
phes , & fes Soldats l'ont toûjours vû à
leur tête , foit qu'il fallût prendre des
Villes, foit qu'il fallût gagner des Batail-
les.Ils n'avoient qu'à le fuivre pour marcher à une victoire affurée ; mais après
avoir vaincu des ennemis, il a bien pû
fe vaincre lui-même ; il s'eft arrêté au
milieu de fes conquêtes, prefcrivant à
chacun des Princes qui s'étoient liguez
contre lui ce qu'ils avoient à faire pour
éviter la fureur de fes armes , & rentrer
dans fon Alliance.

C'eft ce Grand Prince , qui m'envoye

des extrêmitez de l'Univers, préfenter à
VOTRE MAJESTE' des marques
de fon eftime, & l'affurer d'une amitié
conftante, que l'éloignement de cinq
mille lieuës ne fera jamais capable d'al-
terer. Le Roi, mon Maître, ne fe
contente pas de fouhaitter à VOTRE
MAJESTE' toute forte de bonheur
en ce monde, il veut encore vous voir
heureux pendant toute l'Eternité. Les
Grands Héros meurent comme les autres hommes ; il faut fonger à cette vie
nouvelle, cette vie Eternelle, qui nous
attend après la mort; & pour y arriver,
il n'y a qu'un chemin. Il faut connoître,
il faut aimer le Dieu du Ciel, le Dieu
des Chrétiens; VOTRE MAJESTE'
l'a déja reçû dans fes Etats ; vous lui
avez bâti des Eglifes ; fes Miniftres, fes
Evêques ont été dans vôtre Palais, il ne
refte plus, grand Roi, qu'à le recevoir
dans vôtre cœur. Il ne demandera à
VOTRE MAJESTE' que des cho-
fes aifées ; il veut que les Princes foient
graves, juftes & vertueux ; VOTRE
MAJESTE' n'a-t-elle pas déja toutes
ces grandes qualitez? & ne donne-t-elle
pas à fes Sujets l'exemple de toutes les
vertus? C'eft ce Dieu qui fait regner les

Rois

Rois avec autorité ; c'eſt ſon bras tout-
puiſſant qui a ſoûtenu le Roi mon Maître dans ſes grandes entrepriſes; & lorſque toute l'Europe liguée enſemble
conſpiroit la perte de la France, ce Dieu
que nous adorons nous a fait vaincre;&
ſi notre invincible Monarque a donné
plus d'une fois la loi à ſes ennemis, ç'a
été par une protection toute viſible du
Dieu des Chrétiens,& nous ſommes re-
devables de nos Victoires à la pieté de
notre Roi encore plus qu'à ſa valeur.

Mais ce Grand Prince ne croit pas ſon
bonheur parfait , s'il ne le partage avec
V. M. Il ſçait que V. M. n'a pas beſoin
de tréſors , que ſes voiſins le craignent,
que ſes ſujets l'aiment;il ne vous envoye,
S I R E , ni argent ni troupes ; mais il
vous envoye la vérité , la connoiſſance
du vrai Dieu , le ſouverain bonheur en
ce monde & en l'autre. Voilà le plus beau
des Préſens que le Roi mon Maître vous
envoye; voilà le but de ſes ſouhaits : Il
n'a plus rien à deſirer pour ſa gloire particuliere; ſon Nom victorieux dans tous
les tems eſt aſſuré de paſſer à la derniere
poſtérité ; il ne lui reſte plus qu'à travailler pour ce qu'il aime. Il aime , il
eſtime , il honore V. M. & ne croit pas

pouvoir lui en donner de meilleure marque qu'en lui montrant le chemin du Ciel ; ce chemin semble s'ouvrir à Votre Majesté. Elle a depuis vingt ans des Missionnaires & des Evêques capables de lui faire connoître la vérité, dignes de lui découvrir toutes les beautez de la Religion Chrétienne , Religion aussi ancienne que le monde , & dont la sainteté la rend préferable à toutes les autres Religions. J'espere que V. M. fera reflexion sur une affaire qui lui importe si fort : Plaise à ce Dieu , qui touche les cœurs quand il lui plaît, toucher celui de V.M. lui faire connoître, lui faire sentir ses adorables véritez, afin que les deux plus grands Rois du monde qui sont amis , malgré tant de mers qui les separent, qui sur leur seule réputation s'envoyent des Ambassadeurs & des Présens, mais qui selon les apparences n'auront jamais le plaisir de se voir sur la terre , puissent, en s'unissant dans le même Culte, se voir un jour dans le Ciel, dans ces Tabernacles Eternels, sur ces Thrônes de gloire que notre Dieu prépare à ceux qui le servent.

Je n'ai plus rien à souhaitter à V. M. Il ne me reste qu'à vous présenter tous

ces braves François qui m'accompa-
gnent ; ils commandent les Vaisseaux du
Roi mon Maître , & font respecter sa
puissance jusqu'aux extrémitez de la terre : mais s'ils sont bons Sujets , ils sont
encore meilleurs Chrétiens; ce sont autant de Héros de la Religion de Jesus-
Christ, prêts à répandre pour le Service
de leur Dieu , ce même sang qu'ils ont
tant de fois exposé pour le Service de
leurs Rois. Pour moi , S I R E , je me
sens le plus heureux des hommes d'a-
voir pû m'acquitter d'une Commission
si importante.

Dès que nous fûmes arrivez à Siam ,
& que j'eus entretenu l'Evêque de Me-
tropolis & l'Abbé de Lionne, je connus
clairement qu'on avoit un peu grossi les
objets, & que le Roi de Siam vouloit
bien proteger les Chrétiens , mais non
pas embrasser leur Religion ; qu'il avoit
agi en Politique, qui veut attirer les
Etrangers & le Commerce de son Pays,
& s'assurer une protection contre les
Hollandois que tous les Rois des Indes
craignent beaucoup. M. Constance me
découvrit la vérité malgré lui, & donna
dans le panneau que je lui tendis ; je
crois avoir rapporté ce fait dans mon

Journal. Il me propoſa de donner au Roi
la Ville de Branko, à condition qu'on y
envoyeroit des Troupes, des Ingenieurs,
de l'Argent & des Vaiſſeaux. Le Chevalier de Chaumont & moi ne crûmes pas
la choſe faiſable, & nous lui dîmes franchement que le Roi ne voudroit pas
s'engager ſur ſa parole à une dépenſe de
quatre à cinq millions, qui peut-être
ſeroient perdus. La choſe en demeura là,
& je crois qu'il n'y eût jamais ſongé ſans
une retraite que je fis au Seminaire de
Siam pour me préparer à recevoir les Ordres Sacrez. Il arriva quelque affaire, dont
M. Conſtance voulut parler au Chevalier de Chaumont ; il falloit un In-
terpréte ; il ſe ſervit du Pere Tachard ; il
lui trouva un eſprit doux, ſouple, ram-
pant & pourtant hardi, pour ne pas dire témeraire : il lui parla de la penſée
qu'il avoit euë, penſeé que nous avions
traitée de chimere ; le Pere Tachard offrit de s'en charger, de la faire réuſſir :
il dit à M. Conſtance que nous n'a-
vions aucun crédit à la Cour, & il n'a-
voit pas grand tort, & que s'il en vouloit écrire au Pere de la Chaiſe, Sa
Reverence en viendroit bien à bout.

Pendant que cela ſe négocioit, M.

Paumart Miſſionnaire qui étoit toûjours chez M. Conſtance, en eut quelque vent, & m'en vint avertir ; mais je ne voulus pas quitter ma retraite, & je laiſſai faire le Pere Tachard, qui par-là me ſouffla un beau Crucifix d'or que le Roi de Siam me devoit donner à l'audiance de congé, & dont le bon Pere fut régalé avec juſtice, puiſque le Chevalier de Chaumont & moi n'étions plus que des perſonnages de Théatre, & qu'il étoit le véritable Ambaſſadeur, chargé de la négociation ſecrete. Je ne ſçus tout cela bien au juſte qu'après être arrivé en France. Mais quand je me vis dans mon bon Pays, je fus ſi aiſe que je ne me ſentis aucune rancune contre perſonne.

J'ay dit beaucoup de bien de M. Conſtance dans mon Journal, je n'ai rien dit que de vrai. C'étoit un des hommes du monde qui avoit le plus d'eſprit. Liberal, magnifique, intrepide, plein de grandes idées, & peut-être qui ne vouloit avoir des Troupes Françoiſes que pour tâcher de ſe faire Roi lui-même à la mort de ſon Maitre qu'il voyoit fort prochaine. Il étoit fier, cruel, impitoyable, d'une ambition démeſurée ; il avoit ſoûtenu la Religion Chrétienne, parce qu'il pouvoit la foûtenir , & je ne me ferois jamais fié à lui dans chofe où fon inclination n'auroit pas trouvé fon compte.

En arrivant à Breft , j'appris deux nouvelles bien differentes, l'une que M. Boucherat étoit Chancelier, j'en fus fort aife ; l'autre que M. le Cardinal de Boüillon étoit éxilé , j'en fus fort fâché. Nous partîmes auffitôt le Chevalier de Chaumont & moi, & fîmes enfemble la premiere journée; il regardoit toûjours les Bretonnes , & m'avoüa avec toute fa dévotion qu'il les trouvoit auffi belles que la Princeffe de Conty. Nous venions de voir les Siamois. Il arriva le premier à la Cour , comme de raifon; j'y arrivai trois jours après; on nous entouroit comme des Ours. Le Roi me fit beaucoup de queftions, il m'en fit une entre autres dont on parla fort; il me demanda comment on difoit manger en Siamois: je lui dis qu'on difoit кin. Un quart d'heure après il me demanda comment on difoit boire : je lui répondis кin. Je vous y prends , dit-il , vous m'avez dit tantôt que кin fignifie manger : il eft vrai , S i r e , lui repartis-je fans héfiter, mais c'eft qu'en Siamois кin fignifie manger,

& pour dire boire, on dit ᴋin ᴋaou, avaler du vin, & ᴋin nam, avaler de l'eau; au moins , dit le Roi en riant , il s'en tire avec esprit. Je disois vrai, & l'esprit n'a point aidé en cette occasion.

Le lendemain en me promenant dans la Gallerie , j'entendis Cavoye, Livry , d'autres Courtisans qui disoient que le Roi de Siam envoyoit des Presens au Cardinal de Boüillon. Cela me fit beaucoup de peine ; j'avois eu intention de les supprimer , ne croyant pas l'occasion favorable. J'eus peur que le Roi ne l'apprît par d'autres que par moi; je courus chez M. de Seignelai , il étoit à Sceaux. J'allai demander conseil à M. le Chancelier, qui me conseilla de l'aller dire au Roi sans perdre un moment. J'allai trouver M. le Comte d'Auvergne qui me conseilla la même chose, je revins aussi-tôt dans la Gallerie ; & comme le Roi alloit à la Messe , je m'approchai de l'oreille de Sa Majesté , & lui dis : Sɪʀᴇ, je supplie V. M. de m'accorder un moment d'audience dans son Cabinet. Il me répondit, cela est-il pressé? je repliquai, ouy, Sɪʀᴇ. Eh bien , me dit-il avec un visage folaire, venez après mon dîné. Je n'y manquai pas, & me trou-

vai dans l'antichambre à son passage, il
me donna un petit coup sur le bras, &
me dit, suivez-moi. J'entrai dans son
Cabinet où il étoit seul,& lui dis:SIRE,
je crois être obligé de dire à V. M. que
le Roi de Siam a écrit à M. le Cardinal
de Boüillon, & lui envoye des présens.
Pourquoi cela? m'interrompit-il,& qui
lui a donné le conseil de le faire? SIRE,
lui repliquai-je, c'est moi , j'ai cru bien
faire en faisant honorer par un grand
Roi le premier Aumônier de V. M. &
le premier homme de l'Eglise de France.
Il se retourna un peu vîte , & me dit
avec une mine à me faire rentrer cent
pieds sous terre : Vous avez fait cela de
vôtre tête ? SIRE , lui repliquai - je ,
j'en ai parlé à M. le Chevalier de Chaumont , & il m'a approuvé; ne pouvant
pas deviner que M. le Cardinal de Boüillon seroit assez malheureux pour vous
déplaire; V. M. venoit de lui donner
l'Abbaye de Cluny. Cela suffit , me dit-
il, en me tournant le dos,& je sortis du
Cabinet. Les Courtisans me vouloient
faire des complimens sur mon audiance,
mais je payai de modestie, & passai vîte. J'allai me renfermer dans une petite
chambre de Cabaret, où, sans reproche,

je remerciai Dieu de m'avoir humilié.
J'étois trop fier, je croyois avoir trouvé
la Pie au nid pendant mon voyage, en
contentant les Jesuites & les Missionnaires ; la mine que le Roi venoit de me
faire, rabatit bien mon caquet, il me
sembloit pourtant que mon innocence
me mettoit en repos. A sept heures du
soir je sortis de ma taniére, & retournai
au Château, pour voir si M. de Seignelai ne seroit point revenu; je trouvai en
arrivant vingt personnes qui me dirent
que le Roi m'avoit fait chercher partout
pour me parler. J'allai chez M. de Seignelai qui me pensa manger. Vraiment,
Monsieur, me dit-il, le Roi est dans
une belle colere : Pourquoi ne m'êtes-
vous pas venu trouver d'abord? Je lui
dis que j'avois été chez lui, & que ne le
trouvant pas, Mr le Comte d'Auvergne
m'avoit conseillé d'aller droit au Roi. Il
me demenda la Lettre que le Roi de
Siam avoit écrite à M. le Cardinal de
Boüillon, & le mémoire des Présens; je
lui mis le tout entre les mains ; j'allai le
soir au soupé du Roi à l'ordinaire, mais
il ne me dit mot, plus de questions ; mes
amis m'avertirent le lendemain que le
Roi avoit paru fort en colere au petit

couché contre moi , qui m'étois mêlé de ce que je n'avois que faire , & même contre ce pauvre Cardinal qu'il accusoit de m'avoir fait aller à Siam pour s'attirer des Présens , lui qui n'en avoit pas eu la moindre idée. Je crus qu'il falloit laisser passer l'orage , & je m'en allai à Paris m'enfermer dans mon Seminaire , où une demi-heure d'Oraison devant le Saint Sacrement me fit bientôt oublier tout ce qui venoit de m'arriver. Six mois après je présentai au Roi la Vie de David & les Pseaumes , qu'il reçut fort agréablement ; j'en eus obligation au Pere de la Chaise , qui lui avoit parlé en ma faveur , & qui me fit avoir une audience dans le cabinet. Sa Majesté avoit bien connu que je n'avois pas grand tort ; cela est si vrai, que l'année suivante , il me permit d'aller voir le Cardinal , qui étoit à Tarascon fort malade, & dit au Pere de la Chaise qu'il étoit bien-aise que certaines gens l'allassent voir en cet état-là : Helas ! le pauvre Prince avoit peut-être bonne opinion de moi, & il avoit raison de l'avoir en ce tems-là. J'étois tout frais des Missions Orientales , où je n'avois pas laissé de prendre de bonnes teintures , seu-

lement en voyant faire, & faisant tant
soit peu d'attention.

Un mois après que je fus arrivé à Paris, les Ambassadeurs de Siam y arri-
verent. Le Roi les fit défrayer par tout,
& leur donna Audiance dans la grande
Gallerie de Versailles. On y avoit élevé un Thrône magnifique. Ils firent
une fort belle Harangue, que l'Abbé
de Lionne, Missionnaire, expliqua en
François. Ils marquerent au Roi des
respects qui alloient presque jusqu'à l'a-
doration, & en s'en retournant ils ne
voulurent jamais tourner le dos, & allerent à reculon. Les Présens qu'ils avoient
apportez étoient rangez dans le Salon au
bout de la Gallerie. Monsieur de Lou
vois, qui n'estimoit pas beaucoup les
choses où il n'avoit point de part, les
méprisoit extrêmement. Monsieur l'Abbé, me dit-il en passant, tout ce que
vous avez apporté là vaut-1 bien quinze
cens Pistoles? Je n'en sai rien, Monsieur, lui répondis-je le plus haut que
je pus, afin qu'on m'entendist, mais je
sçai fort bien qu'il y a pour plus de
vingt-mille Ecus d'Or pesant, sans
compter les façons, & je ne dis rien des
Cabinets du Japon, des Paravents, des

Porcelaines. Il fir, en me regardant , un
sourire dédaigneux ; & il passa quelqu'un , qui apparemment conta au Roi
cette belle conversation ; car dès le soir
même , M. Bontems me demanda , de
la part du Roi , si ce que j'avois dit à
M. de Louvois, étoit bien vrai. Je lui en
donnai la preuve , en lui donant un
mémoire exact du poids de chaque Va-
se d'Or , & je l'avois fait faire à Siam
avant que de partir : je suis persuadé
qu'on le vérifia dans la suite. Cette bagatelle ne laissa pas d'irriter Monsieur de
Louvois contre moi. Il ne m'aimoit pas
déjà parce que j'étois des amis du Cardinal de Boüillon , sa bête. Quatre jours
après il conta à Meudon, en pleine table , une Histoire de moi fausse depuis
le commencement jusqu'à la fin , où
Monsieur l'Archevêque de Paris étoit
fort mêlé. L'Archevêque le sçut , m'envoya querir, me conta tout , & me dit :
Mon pauvre Abbé , ne relevons point
la médisance , c'est le moyen de la faire crever. Je ne dirai rien davantage
des Ambassadeurs Siamois, il y a des
Livres imprimez de leurs bons mots ;
& dans le vrai , le premier Ambassadeur avoit beaucoup d'esprit , il avoit

foin de nous à Siam, il faifoit à peu près
la fonction de Gentil-homme ordinaire. Je dis à M. Conftance que cet homme-là me paroiffoit propre à réuffir en
France : il me dit qu'il n'étoit pas affez
grand Seigneur pour le charger d'une
fi belle Ambaffade , & que d'ailleurs il
étoit mal content de la Cour, parce qu'à
la mort de *Barkalon* fon Frere , on lui
avoit ôté deux milions ; je lui répondis
qu'on pouvoit lui faire donner un plus
grand Titre , & que les bienfaits effa-
çoient les injures ; il y fongea , en
parla au Roi de Siam , le fit *Opra*, &
Ambaffadeur. Il faut pourtant avoüer
que M. Conftance avoit raifon. Ce bon
Ambaffadeur fe mit à fon retour dans
le parti du Pitacha , & par fes confeils
contribua beaucoup à le faire Roi , &
à faire fcier en deux le pauvre M. Conftance. Il eft à préfent *Barkalon* , c'eft-
à-dire , Premier Miniftre. La Harangue
qu'il fit au Roi à fon Audience de congé , fut admirée. On me fit l'honneur
de me foupçonner d'y avoir mis la main.
Le Roi m'envoya chercher pour me la
demander , il la vouloit faire voir à Madame de Maintenon ; je lui en portai
un broüillon qui fe trouva dans ma po-

che , il m'ordonna de lui en aporter au retour de la chasse une copie bien écrite , ce que je fis. La verité est que les Ambassadeurs avoient mis dans leur patois une partie des pensées qui y sont ; l'Abbé de Lionne les avoit traduites en François ; M. Tiberge y avoit donné ce tour simple , naturel & noble qu'il sçait donner à tout ce qu'il fait , & j'y avois marqué quelques points & quelques virgules;on sera peut-être bien aise de la retrouver ici.

GRAND ROI.

Nous venons ici pour demander à VÔTRE MAJESTE' la permission de nous en retourner vers le Roi nôtre Maître. L'impatience où nous sçavons qu'il est d'apprendre le succès de nôtre Ambassade , les merveilles que nous avons à lui raconter , les gages précieux que nous lui portons de l'estime singuliere que VOTRE MAJESTE' a pour lui, & sur tout l'assurance que nous lui devons donner de la Royale amitié qu'elle contracte pour jamais avec lui , tout cela beaucoup plus encore que les vents & la saison , nous invite enfin

à partir , pendant que les bons traitte-
mens que nous recevons ici de toutes
parts par les Ordres de VOTRE MA-
JESTE', seroient capables de nous faire
oublier notre Patrie ; & si nous l'osons
dire, les ordres mêmes de nôtre Prince;
mais sur le point de nous éloigner de
votre personne Royale , nous n'avons
point de paroles qui puissent exprimer
les sentimens de respect , d'admiration
& de reconnoissance dont nous sommes
pénétrez ; nous nous étions bien atten-
dus à trouver dans VOTRE MA-
JESTE' des Grandeurs & des qualitez
extraordinaires, l'effet y a pleinement répondu ; & même il a surpassé de beaucoup notre attente. Mais nous sommes
obligez de l'avoüer , nous n'avions pa s
crû y trouver l'accès, la douceur , l'af-
fabilité que nous y avons rencontrées,
nous ne jugions pas même que des qualitez qui paroissent si opposées pussent
compatir dans une même personne, &
qu'on pût accorder ensemble tant de
Majesté , & de bonté. Nous ne sommes
plus surpris que vos peuples , trop heureux de vivre sous votre Empire, fassent
paroitre par tout l'amour & la tendres-
se qu'ils ont pour votre Royale person-

ne. Pour nous, Grand Roi, comblez de vos bien-faits, charmez de vos vertus, touchez jusqu'au fond du cœur de vos bontez, saisis d'étonnement à la veuë de votre haute sagesse, & de tous les miracles de votre regne, notre vie nous paroît trop courte, & le monde entier trop petit pour publier ce que nous en pensons. Notre mémoire auroit peine à retenir tant de choses ; c'est ce qui nous a fait recüeillir dans des Regiftres fideles tout ce que nous avons pû ramasser, & nous les terminerons par une protestation sincere, que quoique nous en disions beaucoup, il nous en est encore beaucoup plus échapé. Ces Mémoires seront consacrez à la posterité, & mis en dépost entre les Monumens les plus rares & les plus précieux de l'Etat. Le Roi notre Maître les envoyera pour Présent aux Princes ses Alliez, & par là l'Orient sçaura bien-tôt & tous les siécles à venir apprendront les vertus incompréhensibles de Louis le Grand. Nous porterons enfin l'heureuse nouvelle de la santé parfaite de votre Majesté, & le soin que le Ciel a pris de continuer le cours d'une vie qui ne devroit jamais finir.

Cette harangue , qui reçut tant d'ap-
plaudissement , fut suivie de seize autres que les Ambassadeurs firent le même jour aux Princes & Princesses de
la maison Royale ; il y avoit du bon
sens & de l'esprit partout. Je mettrai
encore icy celle qu'ils firent à M. le
Duc de Bourgogne.

GRAND PRINCE,

Qui serez toûjours la gloire & l'or-
nement de tout l'Univers , nous allons
préparer dans l'Orient les voyes à la renommée qui y portera dans peu de tems
le récit de vos victoires,& de vos Grandes actions. Si nous vivons encore alors,
ce témoignage que nous rendrons de
ce que nous avons découvert en Vous,
fera croire tout ce qui dans vos exploits
pourra paroître incroyable;nous l'avons
vû,dirons - nous, ce Prince encore enfant , & dès ce tems-là, son ame pa-
roissant sur son front & dans ses yeux ,
nous le jugions capable de faire un jour
tout ce qu'il fait aujourd'hui : mais ce
qui comblera de joye le Roi nôtre Maître , sera l'assurance que nous lui don-
nerons que le Royaume de Siam trou-

vera en vous un ferme appui de l'amitié que nous sommes venus contracter
avec la France.

Je retrouvai encore dans mes papiers
le petit compliment qu'ils firent à M. le
Duc de Berry.

Grand Prince à qui le Ciel réserve
des victoires & des conquêtes, nous
aurons l'avantage de porter au Roi, notre Maître, la premiere nouvelle qu'il
ait jamais reçû de Vous, & nous le rem-
plirons de joye, en lui marquant le
bonheur que nous avons eu de vous
voir naître, & l'heureux présage que
l'on a tiré de cette Ambassade, pour
votre Grandeur future. Nous souhait-
tons que votre réputation nous suive de
près, & passe bientôt les Mers après nous,
pour répandre l'allegresse dans une Cour
& dans un Royaume où vous serez
parfaitement honoré.

Madame la Dauphine étoit accouchée
de M. le Duc de Berry quelque tems
après l'arrivée des Ambassadeurs de
Siam. On chanta le *Te Deum* à Notre-
Dame, M. le Chancelier & les Evêques
se plaignirent de ce que les gardes du
Corps n'étoient pas sous les armes en
leur présence: Mais Saintôt, Maître des

Cérémonies, leur dit que les gardes du
Corps ne faisoient que battre du pied
pour M. le Chancelier , & que pour
Messieurs du Clergé , ils ne prenoient
les armes que lorsqu'ils alloient en corps
à l'Audiance du Roi. Il y eut le soir un
grand bal à l'Hôtel de Ville, où les Ambassadeurs de Siam ne voulurent point
aller , disant qu'ils n'avoient pas encore fait toutes les visites de la Maison
Royale, & que leur devoir devoit marcher devant leurs plaisirs.

Fin du cinquiéme Livre.

MEMOIRES

POUR SERVIR

A L'HISTOIRE

DE LOUIS XIV.

LIVRE SIXIE'ME.

E vais reprendre à préſent le fil de ma narration, que l'Ambaſſade de Siam m'a fait interrompre.

Le Maréchal d'Etrées Vice-Amiral de France, qui commandoit la flotte devant Cadix, manda au Roi que les Eſpagnols s'étoient enfin mis à la raiſon, & qu'ils avoient promis de rendre inceſſament aux Marchands François les cinq cens mille écus qu'ils avoient exigez d'eux dans le Méxique, ſous prétexte qu'ils avoient porté des marchandises de contrebande. Cette affaire duroit depuis un an , & la jeune Reine d'Espagne , craignant qu'elle ne causât la guerre , avoit offert plusieurs fois au Conseil de Madrid de vendre ses Pierreries pour trouver l'argent qui manquoit. Il s'étoit même déja fait quelque acte d'hostilité: Ferrant, Chef d'Escadre, avoit attaqué & pris après un assez rude combat , deux Galions d'Espagne à la veuë de dix Vaisseaux de Guerre Hollandois , qui étoient demeurez simples spectateurs du Combat , & cette sagesse Hollandoise avoit extrémement déplu au Prince d'Orange, qui ne cherchoit que l'occasion de broüiller les affaires dans l'Europe. Les Gallions s'étoient fort bien défendus pendant quelques heures, & plus de trois cens hommes y avoient été tuez & blessez,lorsque dans le fort du Combat ,il parut dans une petite Chaloupe un Prêtre Espagnol à genoux,le Crucifix à la main,demandant quartier ; ce spectacle fit tomber les armes des mains pitoyables, on reçut les Gallions à misericorde,& quinze jours après,l'accommodement étant fait , on les renvoya à Cadix.

Le Roi paroiſſoit ſe porter fort bien & montoit tous les jours à cheval ; il alloit ſouvent voir ſa Gendarmerie, qui campoit dans la plaine d'Archeres ; c'é-toit le Duc de Noailles qui comman-doit. Les Courtiſans envieux & mutins vouloient ſe mocquer de lui, faiſoient des chanſons, & ne le croyoient pas ca-pable d'un employ plus difficile ; il a fait voir dans la ſuite qu'ils avoient tort, il a pris des Villes & gagné des Batailles tout comme un autre, & s'il n'avoit pas l'eſprit auſſi vif que M. de Luxembourg, il avoit en recompenſe un fond de probité à toute épreuve, une application infinie, un attachement tendre & ſincere à la perſonne du Roi ; & ces qualitez ſolides, en valoient bien de plus brillantes.

Au commencement du mois de Juil-let, le Roi alla faire un petit voyage à Maintenon, il voulut être preſque ſeul, & ne mena que les Officiers abſolument neceſſaires. Les Princes, les Dames, tout en fut exclus, hors la ſeule Mada-me de Maintenon, accompagnée de Madame de Monchevreüil.

Madame de Monteſpan ſentoit auſſi vivement que jamais tous les dégoûts.

qu'on lui donnoit. Cela servit pourtant
à lui faire souffrir le Marquis d'Antin ,
son fils légitime. On ne l'avoit point vû
dans son enfance ; soit politique , soit
aversion , elle l'avoit tenu éloigné de la
Cour. Ce n'étoit que depuis que de lui-
même il s'étoit fourré par tout. Il étoit
beau , l'esprit vif, & gascon sur le tout,
on n'est pas honteux avec ces qualitez-
là. Monseigneur l'aimoit assez ; M. le
Duc du Maine & Madame de Bourbon
avoient pour lui les égards que le sang
leur préscrivoit ; il plut même au mi-
santhrope Montausier , qui lui donna
en mariage Mademoiselle d'Usez , sa
petite-fille. Les mauvais plaisans disoient
que c'étoit la faire poissonniere la veille
de Pâques. Il lui donna 10000. écus
comptant & la Lieutenance de Roi
d'Alsace qui en vaut 8000 de rente.
Le Duc & la Duchesse d'Usez lui assurerent cinquante mille écus après leur
mort ; le Marquis d'Antin avoit douze
mille livres de rente , que sa mere lui
avoit abandonné quand elle s'étoit se-
parée de biens d'avec M. de Montespan ; elle lui assura encore en le mariant,
deux mille écus de Pension , fit meubler
aux nouveaux mariez leurs appartemens

de Versailles , & leur fit pour plus de quarante mille francs de Présens en pierreries & en bijoux. D'Antin avoit é.é Menin de Monseigneur ; & personne , en voyant le fils à la Cour , n'avoit douté de la décadence de la mere.

Le Roi , dans son voyage , visita les Travaux immenses qu'on faisoit pour conduire la Riviere d'Eure à Versailles, & quoiqu'il fût bien aise de les voir en bon état , il fut fort fâché d'apprendre que les maladies populaires s'étoient mises dans les Troupes; (les Terres remuées rendent l'air mauvais) & qu'il y étoit mort beaucoup d'Officiers & de soldats ; il donna ses Ordres pour travailler à la Maison & au Jardin de Maintenon ; il fut si content de son voyage , qu'il résolut d'y retourner souvent, mais il n'en eut pas le tems : les grandes affaires qui lui survinrent l'occuperent entierement ; il apprit qu'on avoit signé à Ausbourg une Ligue , qui paroissoit faite uniquement contre lui. L'Empereur , le Roi d'Espagne , & le Roi de Suede y avoient signé pour les Etats qu'ils ont dans l'Empire , & y avoient fait entrer l'Electeur de Baviere , tous les Princes de la Maison de Saxe, & les Cercles

Cercles de Baviere, de Franconie & du haut Rhin ; ils difoient, dans le Traité, qu'il n'étoit fait que pour la confervation de l'Allemagne, & l'éxecution, tant des Traitez de Weftphalie & de Nimegue, que de la Treve concluë en 1684. entre l'Empire & la France ; mais ils y avoient inféré des claufes, par lefquelles l'Empereur pouvoit, quand il voudroit, les obliger de déclarer la Guerre au Roi : ils s'engagerent à entretenir une Armée de foixante mille hommes, dont l'Empereur devoit fournir feize mille hommes, le Roi d'Efpagne fix mille, l'Electeur de Baviere huit mille, le Cercle de Baviere deux mille, celui de Franconie quatre mille, celui du haut Rhin quatre mille, la Suede & la Maifon de Saxe à proportion ; le Prince de Valdek étoit nommé Général de cette Armée ; le Marquis de Brandebourg, Géneral de la Cavalerie ; & le Comte Trautgent, Général Major de l'Infanterie.

Le Roi, en aprenant la Ligue d'Aufbourg, aprit auffi que le Prince d'Orange l'avoit négociée : mais ce qui le furprit davantage, on lui manda de Rome, que ce Prince y avoit des Agens fecrets, qui ne fongeoient qu'à décrier

la conduïte de S A M A J E S T E' ; ils
avoient déja gagné quelques - uns des
Ministres du Pape ; ils protestoient que
ce Prince , en faisant des Ligues contre
la France , n'avoit en vûë que le repos
de l'Europe,& qu'il n'avoit aucun éloignement pour les Catholiques; que les
Princes d'Orange les avoient toûjours
traitez avec beaucoup de douceur , &
qu'on voyoit assez par l'Histoire , que
ses Peres avo ent renoncé à nôtre religion presque malgré eux , & seulement
pour s'opposer à la tyrannie des Espa-
gnols,& à l'Inquisition qu'ils vouloient
établir dans des Provinces naturellement
portées à la liberté; ainsi après avoir fait
des Ligues contre les Princes Protestans
& avoir travaillé, sous main , à réunir
les Princes Catholiques contre le Roi;le
Prince d'Orange esperoit encore mettre dans ses interêts celui , de tous les
hommes du monde , qui devoit lui être
le plus contraire.

Ces nouvelles obligerent le Roi de
songer aux moyens de se défendre si on
l'attaquoit ; les Frontieres en Flandres
étoient en fort bon état,Menin & Mau-
beuge , places toutes nouvelles,tenoient
en bride les Garnisons ennemies ; &

mettoient à couvert les païs nouvelle-
ment conquis. Les frontieres d'Allemagne n'étoient pas moins affurées. Straf-
bourg par les vaftes fortifications qu'on
y avoit faites étoit dévenuë inattaqua-
ble, il eût fallu cent mille hommes pour
en faire la circonvallation; le Fort-Louis,
Brifac, & Huningue bordoient le Rhin,
& Sarre-Loüis affuroit un grand Païs.

Le Roi avoit fait bâtir ces deux places avec une dépenfe prodigieufe. Choi-
fy Maréchal de Camp, & le plus habile
des Ingénieurs, avoit fait Sarre-Loüis
comme pour lui : le Roi lui en avoit
donné le Gouvernement, & fe fiant à
fa capacité, il lui avoit donné la permiffion de tailler en plein drap, & d'y faire tous les ouvrages qu'il voudroit.
Choifi eft mon coufin iffu de germain ;
nos grands-peres étoient freres; fa branche étoit cadette & gueufe; il fe fit d'a-
bord Moufquetaire, & fe trouvant propre aux Mathematiques, il fe donna tout
entier aux fortifications, & prit fon parti
de fe faire tuer, ou de faire fortune ; il
avoit effuyé dix mille coups de moufquet
& n'étoit encore que Lieutenant de Roi
de Limbourg, lorfque le Prince d'O-
range affiégea Maftricht ; il fit en cette

occasion un coup bien hardi , il quitta
Limbourg sans ordre de la Cour , &
s'alla jetter dans Maſtricht , où il entra
à la nage par le foſſé. Caylus, qui commandoit dans la place , fut ravi de le
voir , & ſe repoſa ſur lui de la défence.
Ce que je ſçai bien, Meſſieurs, dit Caylus aux Officiers de la garniſon, c'eſt
que je ne me rendrai jamais : mais ce
qui fut fort heureux pour Choiſy , c'eſt
que le Roi lui avoit envoyé un Courrier
à Limbourg avec ordre de ſe jetter dans
Maſtricht ; & quand le Roi ſçut qu'il
y étoit entré, Sa Majeſté témoigna beaucoup de joye , & dit tout haut , je ſuis
ſûr qu'ils ſe défendront bien. En effet, après quarante-trois jours de Tranchée ouverte, le Prince d'Orange leva
le ſiége ; & Choiſy apporta la nouvelle à
la Cour ; il eut des gratifications & des
penſions , il fut enſuite fait Maréchal de
Camp , Gouverneur du Château de
Cambray, & puis de Thionville , & enfin de Sarre-Loüis. J'aurai une belle occaſion de parler de lui , lorſqu'après la
bleſſure du Comte de Tallard , il eut
ordre du Roi d'aller commander l'Armée qui aſſiégeoit Rhinfeldt , où il eut
un honneur que Vauban lui-même n'a

jamais eû ; il commanda une Armée.

Mais pour revenir aux mesures que le Roi prenoit pour se défendre, en cas qu'on l'attaquât, il jugea à propos de faire faire de nouvelles Fortifications à Huningue, de l'autre côté du Rhin, & les Ministres eurent ordre d'avertir les Princes d'Allemagne qu'il étoit prêt à dédommager le Marquis de Bade, sur le fond duquel on alloit élever ces nouvelles Fortifications ; ils dirent encore que S. M. n'avoit voulu rien innover pendant le Siége de Bude, mais que, l'issuë en ayant été heureuse pour l'Empereur, & que d'ailleurs, apprenant les Ligues qui se formoient contre lui dans l'Empire, il étoit bien-aise de mettre ses Places hors d'état d'être insultées par ceux qui voudroient faire la Guerre, ou interrompre le Commerce de ses Sujets.

Il apprit en ce tems-là que le Roi de Dannemarck avoit fait une entreprise sur Hambourg, & qu'il y avoit échoué. L'Electeur de Brandebourg & les Princes de la Maison de Brunswik avoient fait marcher des Troupes de ce côté-là, & l'avoient contraint de retirer les siennes ; il étoit même assez embarrassé dans sa retraite, & pouvoit craindre d'être atta-

qué à son tour, lorsque le Roi fit dire à
ces Princes qu'ils avoient bien fait de se-
courir la Ville de Hambourg, mais que
puisque le Roi de Dannemarck n'y pensoit plus , il leur conseilloit de le laisser
en repos, & de se souvenir que ce Prince étoit son Allié. Une si grande application aux affaires nuisit peut-être à sa
santé, il eut la Fievre double tierce assez
violente, des accès de vingt-huit heures;
les Médecins voulurent d'abord le trait-
ter suivant l'ancienne méthode , on le
saigna , on le purgea , le mal en devint
plus grand , il falut avoir recours au
Quinquina, qui fit le miracle ordinaire,
& le guerit parfaitement.

Les soins de l'Etat & ceux de sa santé
ne l'empêchoient pas de se faire raporter,
dans son Conseil d'en-haut , les affaires quand elles étoient importantes ;
le Procès du Marquis d'Ambre contre
Mademoiselle d'Arpajou fut fort discu-
té ; M. de Châteauneuf Raporteur conclut pour le Marquis , Monsieur fut du
même avis, ainsi que Messieurs de Beau-
villiers , de Croissy & l'Abbé le Pelletier ; M. le Chancelier , le Controlleur
Général, Messieurs de Louvois , de Ri-
bere, Benard de Rezé, Bignon , & Vil-

lacerf furent pour la Demoiselle qui gagna son procès ; le Roi s'étant joint au plus grand nombre.

Il commença en ce tems-là , à aller souvent à Marly ; il nommoit ceux qui devoient le suivre ; & Bontemps les logeoit deux à deux dans chaque Pavillon. On y trouvoit tout ce qui étoit nécessaire à la toilette des femmes,& même des hommes ; & quand les femmes étoient nommées , les maris y alloient sans demander. Madame de Maintenon y faisoit là grande figure; le Roi passoit toutes les soirées chez elle ; Madame de Montespan se rongeoit les doigts , & ne pouvoit se résoudre à quitter la partie ; elle lâchoit de temps en temps au Roy quelques mots picquants,& lui dit un jour qu'elle avoit une grace à lui demander , qui étoit de lui laisser le soin d'entretenir les gens du second Carrosse & de divertir l'Anti-Chambre. Ces manieres desagréables auroient pû la faire songer à la retraitte,mais son heure n'étoit pas encore venuë, & la Providence, pour la punir du passé, lui devoit encore bien faire avaler des couleuvres. La Princesse de Conty fut quelque tems sans être de ces parties de divertissement , elle

avoit fait des railleries picquantes d'une
personne que le Roi honoroit de son
amitié ; & ne l'avoit pas épargné lui-
même ; il avoit senti l'ingratitude de ce
procedé , & le plus grand des Rois , le
meilleur des peres , avoit eû du chagrin de la' part de ses propres enfans ;
sa bonté les reçût bien-tôt à misericorde , il oublia tout & les traitta à l'ordinaire.

Monsieur avoit reçû depuis peu une
partie de ce qui devoit revenir à Madame pour la succession de M. l'Electeur
Palatin ; Madame l'Electrice sa mere
étoit morte il y avoit cinq ou six mois.
Elle étoit Fille du Land-grave de Hess ,
& de cette fameuse Land-gravine , si
bonne amie des François. L'Empereur
lui devoit plus de cinquante mille écus ,
& ses sujets lui en devoient plus de deux
cens mille; il y avoit dans ses greniers &
dans ses Caves au moins pour cinq cens
mille livres de grains & de vin, & beaucoup de beaux meubles, entr'autres plus
de quarante tentures de Tapisseries, outre les prétentions que Madame avoit
sur des Terres qui ne dépendoient pas
de l'Electorat. Monsieur acheta des pen-
dans d'oreilles de quarante mille écus ,

&

& se fit un grand plaisir de meubler sa Gallerie du Palais Royal.

Au commencement du mois d'Octobre le Roi partit de Versailles pour Fontainebleau ; il avoit avec lui dans son Carrosse, Monsieur, Madame la Duchesse de Bourbon, la Princesse de Conty & Madame de Maintenon ; sa faveur se déclara de plus en plus à Fontainebleau; elle eut un fort bel appartement de plein pied à celui du Roi, qui commença à aller chez elle tous les soirs comme il avoit accoûtumé d'aller chez Madame de Montespan ; il y faisoit venir souvent Madame de Bourbon, dont la gayeté extraordinaire l'amusoit & le divertissoit. Elle étoit très-jolie, avec beaucoup d'esprit, plaisante, railleuse, n'épargnant personne, se réjouissant d'une bagatelle, coëffant son genoux comme une poupée quand elle n'avoit rien de mieux à faire, voulant plaire à tout le monde & trouvant le moyen d'y réussir, caractére singulier & qui plaît d'abord.

Madame de Montespan arriva à Fontainebleau après les autres ; le Roi qui la craignoit assurément plus qu'il ne l'aimoit, retourna les soirs chez elle, & lui donna extérieurement des marques de

confidération. Il fit un grand plaifir à
Madame en déclarant le Mariage de
Mademoifelle de Theobon, fa favorite,
avec le Comte de Beuvron, il leur donnoit depuis deux ans vingt mille francs
de penfion, douze au mari & huit à la
femme. M. de Seignelay, intime ami de
Beuvron, fut dans une grande colere
qu'il lui eût fait un fecret de fon Mariage.

Il y avoit tous les jours à Fontainebleau des Comedies, mais le Roi commença à n'y plus aller ; on croyoit d'a-
bord que c'étoit les affaires, on reconnut que c'étoit fcrupule, & chacun ad-
mira qu'un Prince à fon âge eût la force
de renoncer aux plaifirs ; il lui vint un
autre fcrupule, pour le moins auffi bien
fondé, fur la nomination des Evêchez, il
y aporta plus de précaution que jamais,
on ne laiffa pas d'être trompé. Ce ne fut
pas lorfqu'il nomma l'Abbé de *Quincé*
à l'Evêché de Poitiers. Cet Abbé, ami de
M. de la Rochefoucault, rendit fon
Brevet au bout de huit jours, & s'excufa
fur fa mauvaife fanté, action héroïque
& que Dieu aura récompenfé dans le
Ciel. Il eft vrai qu'il ne fe portoit pas
trop bien, il mourut au bout de quatre

ou cinq mois, mais un autre eût toûjours gardé l'Evêché en attendant le retour d'une santé délicate que la Mître pouvoit fortifier.

Le Roi aprit que le Pape avoit fait Cardinal l'Abbé le Camus Evêque de Grenoble, & qu'au lieu d'attendre, selon la coûtume, à recevoir la Barette des mains du Roi, il l'avoit prise impatiemment de l'Abbé Servien, Camerier de Sa Majesté, qui passoit par Grenoble pour aller à Paris porter aussi la Barette au Nonce Ranuzzi, & que dès ce même jour en mangeant ses Carottes, il s'en étoit paré. Aussi quand il écrivit pour demander la permission de venir à Versailles la recevoir des mains du Roi, Sa Majesté lui fit répondre que son voyage étoit inutile, puisque la chose étoit dé,a faite.

Le Nonce Ranuzzi en usa plus galamment que le Camus; il ôta sa Barette dès qu'il vit le Roi, & ne la remit qu'après qu'il l'eut reçû en Cérémonie des mains de Sa Majesté, aussi fut-il traitté d'une maniere fort distinguée. Le Roi le fit manger avec lui à la même table sur la même ligne, quatre ou cinq places entre deux.

J'ai envie, puisque je m'en souviens,
de mettre ici un peu au long, comme la
chose se passa

Le Cardinal étoit assis sur un pliant,
& fut servi par Desormes, Controlleur
Général de la Maison du Roi, des mêmes Services que S. M. sans oublier les
hors-d'œuvres ; le Roi la premiere fois
qu'il but, dit au Cardinal : il est juste,
Monsieur, que je commence à boire à
la santé de Sa Sainteté;il s'étoit levé auparavant, & avoit ôté son Chapeau ;
mais avant que de boire,il se rassit & se
couvrit; le Cardinal demeura debout &
découvert, & un moment après il demanda au Roi permission de boire à la
santé du plus grand Roi de la Terre, &
à la prosperité de la Chrétienté ; il but
debout & découvert ; le Roi demeura
toûjours assis & couvert, & mit seulement la main au Chapeau au commencement du compliment, & après que le
Cardinal eût bu.

Le Roi à l'âge de cinq ans. avoit fait
cet honneur-là au Cardinal Grimaldi,
& en 1664. au Cardinal Chigi, Légat
& Neveu d'Alexandre VII. il ne l'avoit
pas voulu faire à Roberti, qui fut nommé Cardinal pendant qu'il étoit Nonce

en France, le feu Roi l'avoit fait au Cardinal Bichi & ne l'avoit pas fait au Cardinal Spada.

On parloit déja de retourner à Verfailles lorfque la Duchefîe de Bourbon
eut la petite verolle, un fi vilain mal & fi
dangereux fit précipiter le retour ; Mon-
feigneur & Madame la Dauphine revinrent d'abord , & le Roi quelques jours
après , ne parloit plus de fon mal. Il fe
promenoit tous les jours dans fes jardins de Verfailles ; il paroiffoit gai &
tranquille , lorfqu'on aprit avec grande
furprife qu'on venoit de lui faire la grande operation ; il y avoit fix femaines que
l'affaire étoit refoluë , mais perfonne ne
le fçavoit que Madame de Maintenon ,
M. de Louvois , le Pere de la Chaife, le
premier Medecin Fagon , le Medecin de
la feuë Reine, & Felix premier Chirurgien qui devoit faire l'operation.

Fagon commençoit à avoir beaucoup
de Crédit. Le public l'avoit toûjours cru
plus habile que Daquin , & le Roi ne
faifoit que de s'en apercevoir. Madame
de Maintenon le protégeoit depuis qu'il
avoit accompagné le Duc du Maine à
Barege ; Sa Majefté n'avoit jamais le
moindre mal de tête qu'elle ne le fît ap-

peller ; toutefois après le premier Medecin, dont l'autorité établie depuis long-
temps , ne pouvoit être ébranlée qu'à la
longue : il ne fut chaffé que cinq ou fix
ans après. La . . . . . . m'a conté que le
Roi étant à Marly, eut un fort grand accès de fiévre. Les Medecins fur le minuit
voyant que la fiévre diminuoit, lui firent
prendre un bouillon; Daquin dit : voilà
qui eft fur fon declin , je m'en vais me
coucher; Fagon fit femblant de le fuivre,
& s'arrêta dans l'anti-chambre , en di-
fant entre fes dents : quand donc veille-
rons nous? nous avons un fi bon Maître,
& qui nous paye fi bien. Il fe mit dans
un fauteüil , appuyé fur fon bâton ; il y
étoit auffi-bien que dans fa chambre ,
parce qu'il ne fe deshabilloit jamais, &
ne dormoit qu'à fon féant à caufe de fon
afthme. Une heure après , le Roi appella le Premier Valet de Chambre , & fe
plaignit à lui que fa fiévre duroit encore;
il lui dit : Sire , M. Daquin s'eft allé
coucher ; mais M. Fagon eft là-dedans,
le ferai - je entrer? Que me dira-t-il, lui
dit le Roi, qui craignoit que le Premier
Medecin ne le fçût : Sire , reprit Nieft
(& ce que je dis ici je le fçai de lui) il
ne vous dira peut-être rien, il vous con-

ſolera.Fagon entra , tâta le poulx , fit prendre de la ptiſanne , fit changer de côté,& enfin il ſe trouva ſeul auprès du Roi pour la premiere fois de ſa vie.Daquin eut ſon congé trois mois après ſur une bagatelle , dont on lui fit une querelle d'Allemand.Il avoit demandé l'Archevêché de Tours pour ſon fils : ſi demander plus qu'il ne devoit étoit un crime , il y avoit long-temps qu'il eût été criminel.

Le Roi avoit dit quelque choſe à M. de la Rochefoucault de l'operation qu'on lui devoit faire.Felix donna deux coups de biſtouri , & huit coups de ciſeau : il avoit fait faire un inſtrument d'une maniere nouvelle , qu'il avoit eſſayé ſur des corps morts , & il prétend que cela épargna quelques coups de ciſeau. Le Roi ne ſouffla pas pendant l'operation ; & dès qu'elle fut faite , il l'envoya dire à Monſeigneur qui étoit à la chaſſe , à Madame la Dauphine dès qu'elle fut éveillée , à Monſieur & à Madame qui étoient à Paris , & à M. le Prince qui étoit à Fontainebleau auprès de Madame de Bourbon. Monſeigneur quitta la chaſſe auſſitôt , & revint à Verſailles à toute bride , & en pleurant. Il ſe jetta

d'abord aux pieds du lit du Roy, &
n'eut pas la force de lui parler ; mais le
Roi lui dit : Tout va bien, mon fils, &
s'il plait à Dieu, je n'en aurai que le
mal. Madame de Maintenon étoit au
chevet du lit de Sa Majesté. Madame de
Montespan vint à la porte de la chambre, & voulut entrer avec cet air impérieux, qu'une longue domination lui
avoit fait prendre ; mais l'Huissier avoit
ses Ordres : elle n'entra pas, & eut le
chagrin cuisant de voir la place prise
par une personne plus digne de l'occu-
per ; elle s'en retourna à son appartement, & laissa échaper dans les anti-
chambres plusieurs démonstrations d'u-
ne douleur immoderée, que les Courtisans malicieux disoient venir de colere
& de dépit.

On ne peut exprimer l'effet que pro-
duisit dans l'esprit des Parisiens une
nouvelle si surprenante ; chacun sentit
dans ce moment combien la vie d'un
bon Roi est précieuse ; chacun crut être
dans le même danger où il étoit ; la
crainte, l'horreur, la pitié étoient pein-
tes sur tous les visages ; les moindres
du peuple quittoient leur travail pour
dire ou pour redire : on vient de faire

au Roi la grande operation ; ce mot auquel on n'étoit pas accoûtumé, effrayoit encore davantage. J'ai oüi de mes oreilles un Porteur de chaise dire en pleurant : on lui a donné vingt coups de bistouri, & ce pauvre homme n'a pas sonné mot ; qu'on lui a fait de mal, disoit un autre : on ne parloit d'autres choses dans toutes les ruës, & tout Paris le sçut dans un quart d'heure. Les Eglises se remplirent dans un moment, sans qu'il fût besoin que les Curez s'en mêlassent : on demandoit à Dieu la guerison d'un Prince, qui, après avoir mis le nom François au-dessus de tous les autres noms, étoit sur le point de combler de bonheur une nation qu'il avoit déja comblée de gloire ; on demandoit à Dieu de prolonger une vie dont les commencemens étoient si grands, & dont la fin, suivant toutes les apparences, devoit être si desavantageuse à son peuple. Cet empressement si naturel & volontaire dura tant qu'on crut le Roi en quelque danger. On ne pouvoit se lasser de donner des loüanges à Felix, qui depuis deux mois s'étoit exercé à ces sortes d'operations, & l'avoit fait plusieurs fois dans les Hôpitaux de Paris.

Son exemple, si peu ordinaire aux gens qui sont en place, avoit produit un effet admirable; les jeunes gens Chirurgiens avoient redoublé leurs applications en voyant leur Chef travailler de la main comme un autre, & ne pas dédaigner la guérison des pauvres aussi-bien que celle des plus grands Seigneurs. Après l'operation il recommanda sur-tout au Roi de demeurer en paix au moins jusqu'à suppuration ; mais il n'en fit rien, le devoir de la Royauté le pressoit. Il fit appeller ses Ministres, & voulut tenir le Conseil, il ne le fit pourtant pas le matin, il souffroit trop ; il fallut au moins donner quelques heures à la nature : les Ministres s'en allerent; mais ils revinrent l'aprèsdinée, & les Conseils allerent depuis leur train ordinaire. Il donna le lendemain Audience aux Ambassadeurs & aux Ministres des Princes Etrangers ; & leur parla avec une présence d'esprit & une gayeté, qui les força d'écrire à leur Maître ce qu'ils venoient de voir & d'admirer. On voyoit pourtant la douleur peinte sur son visage ; son front étoit presque toûjours en sueur de pure foiblesse, & cependant il donnoit ses Ordres & se faisoit rendre compte de tout. Il mangeoit en public dans son lit , & se laissoit voir deux fois par jour aux moindres de ses Courtisans ; il ne témoigna aucune impatience à tous les coups de ciseaux qu'on lui donna , il disoit seulement : Est-ce fait ; Messieurs , achevez , & ne me traitez pas en Roi , je veux guérir comme si j'étois un Paysan. Quand on le pensoit, il n'y entroit que les Premiers Valets de Chambre , le Duc d'Aumont Premier Gentil-homme de la Chambre en année, M. de la Rochefoucault , M. de Louvois dès le commencement ; & sur les fins, M. de Seignelai. Une si grande fermeté contribua beaucoup à sa guérison ; la tranquilité de l'esprit appaisa le boüillonnement du sang;la Fiévre,qui acompagne la supuration,ne l'échauffa pas , & les Medecins le croyoient hors d'affaire au bout de quinze jours lorsqu'il parut un sac,& il fallut faire une nouvelle operation. Elle ne fut pas si longue que la premiere , mais elle fut plus douloureuse , parce qu'on ne vouloit plus y revenir ; on alla bien avant dans la chair vive,& le Héros se comporta à son ordinaire.

Quelques jours après,Monsieur le Duc

revint de Fontainebleau, il fit au Roi
les Complimens de Monfieur le Prince,
& lui dit que Monfieur le Prince de
Conty étoit bien fâché de n'ofer lui-même témoigner à S. M. fa joye ; le Roi
lui dit qu'il pouvoit revenir , s'il vouloit ; il vint le lendemain de Chantilly,
où il étoit dans une efpece d'éxil , & fa-
lua le Roi , qui lui dit : Mon Coufin , quand on eft éloigné, on croit mon
mal plus grand qu'il n'eft , mais dès
que l'on me voit on juge aifément que
je ne fouffre pas beaucoup ; le Prince
s'humilia , parla peu , ne voulut voir
perfonne chez lui,& retourna auffi-tôt
dans fa retraite , ne croyant pas que
le Roi lui eût rendu tout-à-fait fes bonnes graces : mais peu de jours après il
fut obligé d'aller à Fontainebleau affifter Monfieur le Prince mourant. Ce
grand Prince , auffi bon Courtifan ,
qu'habile Général, étoit parti de Chan-
tilli , quoique malade , à la premiere
nouvelle de la maladie de fa Belle fille
la Duchffe de Bourbon ; il l'avoit gar-
dée dans la petite Verolle, & méprifant
le mauvais air , il ne l'avoit point quittée pendant tout fon mal ; il avoit même , malgré fa foibleffe , empêché le

Roi d'entrer dans la Chambre de la Malade , & lui avoit dit sur le pas de la porte des choses si fortes & si touchantes , que le Roi s'étoit retiré , & étoit parti pour Versailles ; la Princesse avoit été à la derniere extremité , jusques-là , que Madame de Montespan la croyoit morte , & s'en étoit allé à Paris ; sa jeunesse l'avoit sauvée : mais Monsieur le Prince, qui , à son âge , infirme comme il étoit , n'étoit plus en état de soûtenir une pareille fatigue , y succomba ; il se vit mourir pendant cinq ou six jours , & donna ordre à toutes ses affaires domestiques , avec une présence d'esprit admirable. Il avoit mis sa conscience en repos depuis quelques années , & pour tout dire en un mot , il mourut en Héros Chrétien ; mais avant que de mourir , il écrivit au Roi une lettre fort belle , où protestant de sa fidelité & de son attachement sincere à la Personne de Sa Majesté , dans les premieres années de sa vie, & dans les dernieres ; il avoüé que les années du milieu n'ont pas été de même , & qu'il a eu besoin de toute la clemence du meilleur des Rois. Il finit par remercier le Roi du retour de M. le Prince de Conty , & proteste qu'il

meurt content après avoir eu cette con-
folation. M. le Duc apporta la lettre au
Roi, qui dès la veille avoit mandé à
M. le Prince, que pour l'amour de lui,
il pardonnoit fincerement au Prince de
Conty. Le Roi regla auffi-tôt que M. le
Duc s'appelleroit à l'avenir Monfieur le
Prince; mais qu'il n'auroit pas les Privileges de Premier Prince du Sang, parce que c'eft M. le Duc de Chartre qui
les a prefentement. Feu M. le Prince
avoit eu ces Privileges affez long-temps,
avant que Monfieur eût des Enfans, &
ils ne fe perdent point quand une fois on
les a. M. le Duc de Bourbon conferva
fon Nom, & s'appella fimplement Monfieur le Duc. On rendit au corps de
M. le Prince les mêmes honneurs qu'on
avoit rendus en mille fix cens quarante-
fix à Monfieur fon Pere. M. le Prince
de Conty, au nom du Roi, lui donna
l'eau benite ; il étoit accompagné du
Duc de Chaulnes, & encore par les
Gardes du Corps. On fit enfuite un Service magnifique dans Noftre-Dame, où
les Compagnies fuperieures affifterent ;
mais ce fut aux dépens de M. le Prince,
le Roi ne faifant la dépenfe des Services
que pour les Généraux morts à la tête de

ſes Armées. M. le Prince avoit nommé M. de la Tremouille & de Vantadour, pour l'accompagner au deüil ; & M. de Vantadour étant malade, il avoit nommé en ſa place M. le Duc de Duras. On l'envoya chercher à Paris ; mais il ne s'y trouva point, & ſa femme dit franchement qu'il ne s'y trouveroit pas. Ce mépris mit M. le Prince dans une furieuſe colere ; il ne devoit pas s'en étonner. Un bon Courtiſan, qui veut faire ſon chemin, ne doit point paroître attaché à Meſſieurs les Princes. Ma mere me diſoit toûjours : mon fils, il n'y a rien de tel que le gros de l'arbre.

Je crois qu'il ſeroit à propos, en -fi niſſant cette année mille ſix cent quatre-vingt ſix, d'expoſer en peu de paroles l'état preſent de l'Europe. L'Empereur a pouſſé les Turcs pendant toute la campagne. M. de Lorraine, & M. l'Electeur de Baviere & ſes Généraux ont pris Bu-de d'aſſaut ; & ſelon les apparences, il ſera bientôt Roi de Hongrie. Le Grand Seigneur a dépoſé le Mufty, qui avoit ſigné l'Ordonnance pour commencer la guerre ; il a auſſi fait noyer neuf cens de ſes Levriers au ſortir d'un Sermon où le Prédicateur lui avoit reproché en face,

qu'au lieu d'aller défendre Bude , il s'a-
musoit à aller tous les jours à la chasse.
Le Roi de Pologne n'a pas réussi dans
son grand dessein ; il a traversé la Moldavie & la Valachie , & a marché jusqu'à quarante lieuës d'Andrinople ; mais
il n'a pû aller jusqu'à Belgrade : les
Princes de Moldavie & de Valachie lui
ont manqué de parole , & se sont joints
aux Turcs & aux Tartares. Les Moscovites n'ont fait aucun acte d'hostilité ,
sous prétexte que la Ligue n'avoit pas
été ratifiée par la Diete de Pologne ;
les Cosaques , sujets des Moscovites ,
n'ont osé se déclarer. Voyant d'ailleurs
la saison fort avancée , la sécheresse extraordinaire qui avoit fait tarir toutes les
Fontaines , les Fourages brûlez par-tout
par les Tartares , une Armée ennemie
deux fois plus forte que la sienne , il a
repris la route de son Païs , & a remis
son entreprise à une autre année. Le
Pape avoit donné huit cens mille francs
qui ont été perdus.

Les Venitiens ont été plus heureux
dans la Morée , où ils ont pris plusieurs
Places , entr'autres Napoli de Romanie.
Le Prince de Turenne , Fils aîné du
Duc de Boüillon , s'y est fort distingué,

autant

autant par capacité que par bravoure ; sa disgrace lui a beaucoup servi, en lui donnant le moyen de se corriger de ses défauts, & de faire valoir ses bonnes qualitez.

Il semble que le Roi d'Angleterre prenne le dessus ; il a abaissé le Parlement d'Ecosse, parce qu'il n'a pas voulu accorder aux Catholiques la liberté de conscience : il n'a pas laissé de faire ouvrir une Chapelle publique dans le Château d'Edimbourg ; mais ce qui est plus important, il a établi à Londres une Chambre Ecclesiastique, composée de l'Archevêque de Cantorbery, du Chancelier, du Comte de Sunderland, Président du Conseil Privé, de l'Evêque de Rochefte, & de Herbert, Chef de Justice du Banc du Roi ; il leur donne, par ses Lettres Patentes, une entiere authorité sur tous les Ecclesiastiques du Royaume de quelque Dignité qu'ils soient, qui auront fait quelques fautes, avec pouvoir de les interdire, de les priver de leurs Bénéfices, & même de les excommunier.

Ils ont commencé par suspendre de ses Fonctions l'Evêque de Londres, dont le Roi n'étoit pas content ; ils ont fait

le procès à un Miniſtre nommé Jon-
ſonh , pour avoir tenu des diſcours ſe-
ditieux ; il a été dégradé dépoüillé, de
ſes habits Eccleſiaſtiques, fuſtigé , &
mis au Pilori : le peuple murmure; mais
il ſouffre Le Roi d'Angleterre a ſur pied
trente mille hommes qu'il paye tous les
mois.

Monſieur de Louvois mourut en ce
temps-là d'une maniere aſſez bruſque ;
ſa famille fut perſuadée qu'on l'avoit
empoiſonné , je n'en crois rien, ces manieres ne ſont point du Roi qui commençoit depuis pluſieurs années à ſon-
g 1 à ſon Salut;il eſt vrai qu'il étoit fort
mal content de ſon Miniſtre , ſa patience avoit été pouſſée à bout en vingt oc-
caſions. M de Pontchartrain dans le déſeſpoir de trouver de l'argent , avoit
propoſé d'ôter à M. de Louvois les Poſtes étrangeres qui lui valoient deux millions de rente. L'Arrêt étoit donné &
ſigné, on devoit le vérifier à la Cour
des Aydes le lendemain , lorſqu'à minuit , le Roi étant prêt de ſe mettre au
lit , M. de Louvois vint tout effaré dire
à Sa Majeſté , qu'il étoit perdu , s'il lui
ôtoit les Poſtes dans la conjoncture préſente;que cela lui ôteroit tout ſon crédit.

(On ne sçait pas qui l'avoit averti. Le Roi qui alloit faire le Siége de Mons ne vouloit pas, ou n'osa fâcher le Ministre de la guerre, qui faisoit tout mouvoir ; il écrivit un billet à M. de Pontchartrain qui portoit un ordre exprès de supprimer l'Arrêt: mais il sentit vivement l'insolence du Ministre qui se servoit de l'occasion. Cela n'étoit rien au prix de deux Traitez apostillez de la main de M. de Louvois, que Madame de Maintenon remit entre les mains du Roi; par l'un il faisoit le projet de maltraiter M. de Savoye par tant de manieres, qu'il seroit enfin obligé de se déclarer contre la France, ce qui rendoit la Paix plus difficile ; & par l'autre, il vouloit forcer les Suisses à faire la même chose, en manquant à toutes les Capitulations faites avec eux. Madame de Maintenon avoit eu ces deux Traitez par d'Augicourt, Gentil-homme de M. de Louvois, qui trahissoit son Maitre. On sera bien aise de voir ici la premiere cause de leur haine, qui ne s'est point démentie jusqu'à la mort.

Le Roi après la mort de Madame de Fontange, qui a été la derniere de ses Maitresses, résolut tout de bon de songer à ſon ſalut. La Reine mourut ; il ne vouloit point ſe remarier par tendreſſe pour ſon peuple, il ſe voyoit trois Petits-Fils,& jugeoit prudemment que des Princes d'un ſecond lit, pourroient,dans la ſuite des tems, cauſer des Guerres Civies ; d'autre côté, il ne pouvoit ſe paſſer de femmes. Madame de Maintenon, qui avoit eu ſoin de l'éducation de M. le Duc du Maine, lui plaiſoit fort, ſon eſprit doux & inſinuant lui promettoit une converſation agréable & capable de le délaſſer des ſoins de la Royauté ; ſa perſonne étoit encore aimable, ſes yeux étoient vifs & perçans, & ſon âge la mettoit hors d'état d'avoir des enfans. Il s'étoit accoûtumé à elle, car dans le commencement il ne pouvoit pas la ſouffrir, il ne conſentit à la mettre auprès de M le Duc du Maine qu'à la priere & aux importunitez de Madame de Monteſpan qui connoiſſoit ſon eſprit, & toute ſa capacité. Elle y avoit été ſix ans, ſans que le Roi l'eût veuë quatre fois ; & quand on amenoit l'enfant au Roi, elle avoit la prudence de ſe retirer. La perſéverance vient à bout de tout, & à tant de répugnance ſuccéda une paſſion violente : il réſolut de l'épouſer ſecrette-

ment , bien déterminé à ne jamais déclarer ce mariage. Il en fit un jour la
confidence à M. de Louvois, comme
d'une chose qui n'étoit pas encore réfo-
luë, & lui en demanda fon avis. Louvois n'en avoit jamais eu la moindre
idée. Ah ! Sire, s'écria-t-il, Vôtre Majefté fonge-t-Elle bien à ce qu'elle me dit?
Le plus grand Roi du monde , couvert
de gloire, époufer la veuve Scaron : voulez-vous vous deshonorer ? Il fe jetta auffitôt aux pieds du Roi, fondant en larmes:
Pardonnez-moi, Sire, lui dit-il, la liberté
que je prend: ôtez-moi toutes mes Charges ; mettez-moi dans une prifon , je ne
verrai point une pareille indignité. Le
Roi lui difoit : Levez-vous : Etes - vous
fou. Il fe leva, & fortit du Cabinet
fans fçavoir fi fes remontrances avoient
operé ; mais le lendemain il crut voir à
l'air embaraffé & cé.émonieux de Madame de Maintenon , que le Roi avoit
eu la foiblefle de lui conter tout ; & depuis ce moment il s'aperçut qu'elle étoit
devenue fa plus mortelle ennemie. Il eft
certain que le mariage fecret fe fit quelque
temps après ; M. de Louvois n'y fut point
appellé. M. de Har'ay Archevêque de
Paris, & le Pere de la Chaife, en furent

les Miniſtres ; Bontems & le Chevalier de Fourbin ſervirent de Témoins. Il m'arriva trois ans après, une petite bagatelle qui ne laiſſa pas d'être un indice : j'avois préſenté un Livre au Roi ; je priai Bontems, qui étoit de mes bons amis, d'en preſenter un de ma part à Madame de Maintenon; elle étoit alors malade & ne voyoit perſonne ; il s'acquitta de la commiſſion, quinze jours après, en me contant ce qu'il avoit dit à la Dame, il ſe ſervit de ces termes : Je ſuis aſſuré que Sa Ma....il s'arrêta tout court en ſentant l'indiſcretion, fit un bond, changea de diſcours. Je ne fis pas ſemblant d'avoir oüi dire les mots Sacramentaux, & ne lui en ai jamais parlé.

Mais pour revenir à M. de Louvois, quinze jours avant que de mourir, il ſentit la foudre prête à tomber & le dit à un de ſes amis, qui me l'a dit ; je ne ſçai, lui dit-il, s'il ſe contentera de m'ôter mes Charges, ou s'il me mettra dans une priſon, tout m'eſt aſſez indifferent, quand je ne ſerai plus le maître. Son ami, qui eſt M. le Premier, tâcha de le raſſurer, en le faiſant ſouvenir que depuis dix ans il lui avoit dit vingt fois la même choſe ; tout eſt changé, dit M.

de Louvois, nous avons eu cent fois des
disputes fort aigres, je sortois de son Cabinet & le laissois fort en colere, & le lendemain quand il faloit travailler il repre-
noit son air gratieux. Or depuis quinze
jours il a toûjours le front ridé, il a pris
son parti contre moi, il n'est plus question que des expédiens ; la mort finit
tout, & le Roi, avec une bonne foi sans
exemple ne cacha point la joye qu'il en
eut. Il soupoit à Marly avec des Dames ;
le Comte de Marsan étoit derriere Madame & parloit des grandes choses que
le Roi avoit faites au siége de Monts : il
est vray, dit le Roi, que cette année-là
me fut heureuse, je fus défait de trois
hommes que je ne pouvois plus souffrir,
M. de Louvois, Seignelay & la Feüillade. Madame qui est vive, lui dit : he
mais, Monsieur, que ne nous en défai-
siez-vous ? Sa Majesté baissa les yeux &
regarda son assiette, & M. de Marsan
dit que souvent les Rois souffroient des
gens qui rendoient service à l'Etat : on
parla d'autre chose. J'ai veu depuis des
Ministres bien mortifiez de ce discours,
ne sçachant au vrai s'ils étoient dignes
d'amour ou de haine.

M. de Louvois montra un jour la pré-

fence d'esprit d'un bon Courtisan. Le
Roi avoit fait avec lui la Liste de ceux
qu'il vouloit honorer du Bâton de Maréchal de France ; il alla ensuite chez
Madame de Montespan qui en foüillant
dans ses poches y prit cette Liste ; & n'y
voyant pas M. de Vivonne son frere, se
mit dans une colere digne d'elle. Le Roi
qui ne pouvoit pas lui resister en face,
lui dit qu'il failoit que M. de Louvois
eût oublié de l'y mettre. Envoyez - le
querir tout à l'heure, lui dit-elle d'un ton
impérieux, & le gronda comme il faut.
On envoya chercher M. de Louvois ; &
le Roi lui ayant dit fort doucement, que
sans doute il avoit oublié Vivonne, ce
Ministre se chargea du pacquet & avoüa
sa faute. On mit Vivonne sur la Liste ;
la Dame fut appaisée, & se contenta de
reprocher à Louvois sa négligence dans
une affaire qui la touchoit de si près.

Madame de Maintenon n'a pas été si
pressante ; ce qui me fait souvenir d'un
trait de M. d'Aubigny ; il joüoit à la
Bassette, & mettoit sur les cartes des
morceaux d'or sans compter. Le Maréchal de Vivonne entra dans le lieu où
l'on joüoit ; & voyant remuer tant d'argent, il vit qu'il sortoit de la poche de M.
d'Aubigny

d'Aubigny : Je me doutois bien , dit-il, qu'il n'y avoit que lui qui pouvoit joüer si gros Jeu. D'Aubigny l'entendit, & repliqua brusquement : C'est que j'ai eu mon Bâton en argent.

Le Maréchal de Tessé a é·é fait Maréchal de France à peu près de la même maniere que M. de Vivonne. Le Roy travailloit chez Madame de Maintenon avec M. de Chamillard , & faisoit la Liste des Maréchaux de France qu'il devoit déclarer le lendemain. Madame la Duchesse de Bourgogne regardoit par-dessus l'épaule , & vit que Tessé n'en étoit point : elle sautoit & dansoit, rioit à son ordinaire; elle se mit tout d'un coup à pleurer; le Roi en voulut sçavoir la raison : ah ! Monsieur , lui dit-elle , vous deshonorez celui à qui je dois l'honneur d'être à vous , celui qui m'a fait tout ce que je suis.

Le Roi parut fâché que son secret fût découvert , & de colere déchira la Liste. Les Maréchaux ne furent faits qu'un an après : au lieu de quatre il y en eut dix, afin de donner place à Tessé.

Le Roi est sujet à changer d'avis & de goût. Dans le tems qu'il aimoit passionnément Mademoiselle de la Valliere, il

se moquoit avec elle des minauderies
que lui faisoit Madame de Montespan.
Elle voudroit bien que je l'aimasse, disoit-il en riant : cela étoit vrai ; elle l'as-
siégeoit dans les formes, & fit enfin si
bien que quand il revenoit de la chasse,
il venoit se débotter, s'habiller, se pou-
drer chez Madame la Valliere ; il lui
disoit à peine bon jour, & passoit dans
l'appartement de Madame de Montespan, où il demeuroit toute la soirée.

. Mademoiselle Fontange, belle comme un Ange, & sotte comme un panier,
l'enforcela de même, & le traita encore
avec plus d'autorité que les autres.

Fin du sixiéme Livre.

MEMOIRES

POUR SERVIR

A L'HISTOIRE DE LOUIS XIV.

LIVRE SEPTIE'ME.

DANIEL DE COSNAC, Evêque de Valence, & depuis Archevêque d'Aix, étoit Cadet d'une bonne Maison de Limosin ; né sans biens, peu d'éducation de la part de sa Famille, & de bonne heure sorti de la maison paternelle, pour chercher ailleurs par industrie ce que sa Famille ne pouvoit lui fournir. Peut-être le nomma-t-on M. l'Abbé, parce que l'uniformité des habits noirs & du petit Colet

occafionnoit moins de dépenfe. Ce Titre lui donna un extrême defir de le devenir, & l'on ne fçauroit affez dire avec
combien d'efprit & d'adreffe il fe fit une
entrée familiere chez M. le Prince de
Conti, dans un âge où les jeunes gens
affez mal faits font à peine foufferts
chez les Princes du rang de M. le Prince de Conti, qui pour lors étoit deftiné
à l'Etat Ecclefiaftique. Chacun fçait comme quoi ce Prince s'abandonna à la paf-
fion éperduë qu'il eut pour Madame de
Longueville, fa Sœur, qui le mit dans le
Parti du Prince de Condé ; de forte que
l'Abbé de Cofnac trouva fi bien les expediens d'acquerir la familiarité, & depuis la confiance du Prince de Conti,
que devenu néceffaire au maintien de
l'union du Prince de Condé, du Prince
de Conti, & de Madame de Longuevil-
le, il s'attacha fi fort à leurs interêts, que
M. le Prince de Conti le prit auprès de
lui comme un jeune Abbé de Condition
qu'il aimoit, & qui s'attachoit à fa perfonne & à fa fortune. Cet Abbé, fous
une figure affez baffe, avoit tout l'efprit,
toute la hauteur, & toute l'induftrie
d'un garçon qui veut faire valoir les
qualitez qu'il n'a pas, aux dépens de

celle qu'il a. Il étoit trop mal fait pour
se faire une intrigue d'amour, dans une
Cour où cette passion regnoit fort. Il se
jetta donc tout-à-fait du côté des affaires ; & dans un âge où la conduite des
négociations importantes est pour l'ordinaire incompatible avec la grande jeunesse, il se rendit si necessaire, que ce
fut lui qui fit à vingt-deux ans la paix de
Bordeaux. Il en dressa les articles, dont
j'ai vû la minute écrite de sa main, &
signées des Princes & du Duc de Candale, qui signa pour le Roi. Cette paix
desirée de la Cour, & nécessaire à l'Etat,
lui fit un grand honneur, non-seulement dans le Parti des Princes, mais elle
le fit connoître particulierement du Cardinal Mazarin, avec lequel il eut differentes conversations, & auprès duquel
il fit plusieurs voyages pour la conclu-
sion de l'importante affaire qu'il finit.
Le Prince de Conti avoit une sorte d'esprit indécis, voulant & ne voulant pas,
changeant d'avis à chaque moment,
alternativement dévot & voluptueux,
d'une santé mediocre, d'une taille très-
contrefaite, dont le vrai penchant eût
été du côté de Dieu, si la legereté ne
l'eût point souvent & dans un même

jour fait passer d'une extrémité à l'autre.
L'amour ni l'union ne logent pas tou-
jours ni long-tems dans les mêmes
cœurs Le Prince de Conti crût avoir des
raisons effectives d'être jaloux de Madame de Longueville. M. de la Rochefoucault avoit trop d'esprit pour être
attaché à elle infructueusement autant
qu'il le paroissoit, Un voyage qu'elle fit
auprès du Prince de Condé , fut peut-
être regardé du Prince de Conti comme
un prétexte de le quitter qui lui déplut :
ainsi , sans se détacher tout-à fait de la
passion qu'il avoit pour sa Sœur, il cher-
cha dans le commerce qu'il a eu avec
Madame de * * , & dans quelques
autres galanteries de Montpellier , de
quoi se consoler un peu de l'absence de
Madame de Longueville.

Guilleragues & l'Abbé de Roquette
étoient auprès de lui. Le premier étoit
honnête homme , à cela près que né
Gascon, il vouloit toûjours que l'on fît
cas de sa naissance, dont il importunoit
impitoyablement tous ceux qu'il trouvoit moyen d'en informer. L'Abbé de
Roquette , depuis Evêque d'Autun ,
avoit tous les caracteres que l'Auteur
du Tartuffe a si parfaitement représentez

sur le modele d'un homme faux. Un soir
que le Prince de Conti s'étoit masqué,
malgré l'Abbé de Cosnac, qui lui avoit
représenté que sa santé ne lui permettoit
pas de veiller ; & qui voyant que cette
premiere raison n'avoit rien gagné, s'é-
toit enhardi à lui dire, que de la taille
dont il étoit, il étoit impossible qu'il se
masquât sans être connu ; un jour, dis-
je, que ce Prince s'étoit masqué, l'Abbé
de Roquette entra dans sa chambre comme il étoit prêt d'en sortir avec ceux qu'il
avoit mis de la partie ; & l'Abbé de Roquette, s'adressant au Prince de Conti,
comme s'il eût cru parler à M. de Vardes : Monsieur, lui dit-il, montrez-moi
Son Altesse ; & puis se retirant du côté
de l'Abbé de Cosnac, Monsieur, con-
tinua-t-il, dites-moi lequel de ces mas-
ques est Monseigneur ? enfin ce faux
Courtisan fit tant de pantalonades, &
affecta tant de fausses souplesses de fade
Courtisan, pour faire voir au Prince de
Conti qu'il étoit bien masqué, que l'Abbé de Cosnac impatient lui dit assez haut
pour que M. le Prince de Conti l'enten-
dît : Allez, M. de Roquette, vous devriez mourir de honte, & quand son
Altesse fait une mascarade pour se diver-

ur, il sçait bien que la taille de M. de
Vardes & la sienne sont differentes. Ce
discours dit d'un ton ferme, surprit le
Prince de Conti, qui se démasqua ; &
soit qu'il fit quelque impression sur son
esprit, ou qu'il trouvât qu'il est effectivement ridicule qu'un homme très-bos-
sus puisse être pris en masque pour un
homme de belle taille, il sortit, &
demie-heure après revint se coucher.
Le discours de l'Abbé de Cosnac pensa
diviser sa maison, & ce fut la source de
la haine que M. d'Autun & lui ont
depuis conservé l'un pour l'autre, &
qui fit faire à Guilleragues, ami de
l'Abbé de Cosnac, les Mémoires sur
lesquels Moliere a fait depuis la Comedie
du Faux Dévot.

La Cour du Prince de Conti n'étoit
pas une mer assez vaste pour contenir les
idées de l'Abbé de Cosnac ; & quoi qu'il
fût Premier Gentil-homme de sa Chambre, & en quelque maniere son Favori,
cet Abbé entretenoit un commerce avec
le Cardinal Mazarin, dont il fit le fondement du mariage qui fut conclu quelques années après entre le Prince de
Conti & la Niéce du Cardinal. Il esperoit pour fruit de ce mariage l'impor-

rante Abbaye de Cluni, dont le Prince de Conti, qui ne pouvoit plus la tenir en se mariant, lui offrit la démission; mais le Cardinal fit si-bien qu'il empêcha l'Abbé d'avoir ce grand Bénéfice, bien qu'il lui eût la principale obligation du mariage de sa Niéce avec un Prince du Sang.

Cette nouvelle augmentation d'éclats, jointe à l'autorité presque souveraine que le Cardinal avoit en tout pendant la minorité du Roi, & qu'il conserva despotique jusqu'à sa mort, mit en tête à M. le Prince de Conti, que son Rang & la faveur de l'Oncle de sa Femme lui devoit déferer le Commandement de l'armée de Catalogne; & quoi qu'il n'eût jamais servi, les Enfans des Rois, comme ceux des Dieux, naissent instruits de tout. Ce Commandement lui fut donné.

La fureur des François sur la réputation de se battre en duel, avoit passé depuis le Regne de François Premier, au point que par une frénésie dont la rage n'a pû s'éteindre que sous le Regne de Louis le Grand, personne n'osoit porter une épée sans avoir donné des preuves de la sçavoir garder. Il ne suffisoit pas qu'un homme fût brave à la guerre, l'on vouloit qu'il eût fait quelque combat particulier & éclatant. Le Prince de Conti né vaillant, comme le sont tous les Bourbons, se mit en tête que son rang & son âge, qu'il avoit jusqu'alors passé dans l'Etat Ecclesiastique, ne le devoit pas dispenser de l'obligation où il croyoit être de s'acquerir de l'estime, & de travailler à sa réputation. L'état militaire dans lequel il entroit, le sollicitoit de se mesurer avec quelqu'un digne de lui, avant que de paroitre à la tête des armées ; & par une fantaisie, qui n'a peut-être jamais eu d'exemple, ce Prince, qui n'avoit aucun ennemi, qui n'avoit offensé personne, & que personne n'avoit offensé, se mit en tête de faire un combat ; & agité du desir de se battre en duel, sans sçavoir contre qui, partit en litiere de Montpellier, pour se rendre à la Cour, incertain de son adversaire, inquiet d'en trouver un digne de lui, & tellement résolu de s'acquerir de l'estime par un duel, qu'un soir couchant à Bagnols, où il séjourna pour quelque indisposition, il ne pût s'empêcher de faire confidence à l'Abbé de Cosnac de cette étrange vision, dont il étoit tourmenté ; & lui avoüa qu'il avoit jetté les yeux sur le Duc d'Yorck, depuis Roi d'Angleterre, auquel en arrivant à la Cour il vouloit faire une querelle, uniquement parce qu'il étoit Prince comme lui, & qu'il avoit la réputation d'être brave. Cette chimere s'augmenta peut-être par l'ennui du voyage de la litiere. L'esprit d'un homme, naturellement bercé de ses humeurs, l'est encore par le triste branlement de cette voiture ; & tout cela fit, comme vous allez voir, le commencement de la fortune de Villars.

Villars venoit de perdre le Duc de Nemours, auprès duquel il étoit en qualité de Gentil-homme. Il l'avoit servi dans le fameux duel qu'il fit contre le Duc de Beaufort qui le tua : Villars s'étoit acquis beaucoup d'estime dans ce combat ; & comme en perdant son Maître, il perdoit le principal espoir de sa fortune, il se retira avec sa femme auprès de l'Archevêque de Vienne, son Frere. Il étoit à Vienne quand le Prince de Conti y passa, & eut l'honneur de lui faire la réverence. La bonne mine de Villars, la présence d'un vaillant homme, qui venoit récemment de faire un combat éclatant, l'idée de se servir du même homme dans la querelle qu'il avoit déterminé de faire au Duc d'Yorck, tout cela seduisit le Prince de Conti. Les Princes veulent plus ardemment que les autres hommes ce qu'ils desirent, parce qu'ils sont moins contrariez. Dès le soir, quand il fut couché, il ordonna à l'Abbé de Cosnac de rester auprès de lui, & dès qu'ils furent seuls, M. l'Abbé, lui dit le Prince de Conti, j'ai trouvé l'homme qu'il me faut pour me servir dans le dessein dont je vous ai parlé. Je veux attacher Villars à mon service; dites-lui qu'il me suive, & que je lui donnerai les moyens de se consoler de la perte qu'il a faite du Duc de Nemours. L'Abbé de Cosnac obéit ; Villars se rendit quelques jours après chez le Prince de Conti à Paris ; & ce Prince étoit tellement pressé de l'idée de Villars, qu'il regardoit comme celui qui le serviroit dans l'issuë du grand dessein qu'il avoit projetté, que dès Montargis, il proposa à l'Abbé de Cosnac d'accommoder Villars de la Charge de premier Gentil-homme de sa Chambre. L'Abbé de Cosnac fit si bien qu'il refusa de quitter sa Charge. Le Duc d'Yorck, qui servoit sur la Frontiere, & qui ne revint pas si tôt à la

Cour, n'a jamais eu connoissance de ce dessein bizarre, qui s'effaça peu à peu.

Dans ce temps-là l'Evêché de Valence vaqua. L'Abbé de Cosnac avoit fait quelques Sermons en présence de la Reine, & y avoit réüssi ; il étoit de son jeu, & de celui du Cardinal ; il pria le Prince de Conti de demander cet Evêché.

L'Abbé de Roquette n'osoit paroître son ennemi; mais il avoit soulevé contre lui la Cabale de M. de Vardes, de M. de Villars, & des principaux domestiques de sa Maison, de sorte qu'à la premiere proposition que l'Abbé de Cosnac fit à M. le Prince de Conti de demander cet Evêché pour lui, le Prince de Conti lui parut fort peu empressé : Quoi, Monseigneur, lui dit l'Abbé de Cosnac, à moi de vos secrets le dépositaire, vous répondez froidement? Ha! Monseigneur, continua-t'il, prenez garde que l'on ne découvre que vous m'avez incertainement répondu, dans une occasion où il s'agit de l'établissement du principal domestique de vôtre Maison ; & sans lui donner le loisir de repliquer, il sortit, & passa dans l'appartement de Madame la Princesse de Conti, qui n'étoit pas éveillée.

Qu'on l'éveille, dit l'Abbé, il s'agit de son honneur, & je veux lui parler. Il fit tant de bruit que ses femmes ouvrirent. Cette Princesse aimable s'éveilla : Levez-vous, dit l'Abbé, il s'agit de sauver l'honneur de Monsieur le Prince de Conti, le vôtre & celui de sa Maison. L'Evêché de Valence est vaquant, je viens de prier S. A. de le demander pour moi, mais levez-vous, MADAME, les momens sont chers, M. votre Oncle ne vous refusera pas s'il sçait que vous sçavez vous faire éveiller, vous lever en robe de chambre, & ne pas hésiter à servir noblement vos créatures. Mais, Monsieur, lui dit Madame la Princesse de Conti, donnez-moi le loisir de parler à mon Mari. Je m'en garderai bien, lui dit l'Abbé, il s'agit de vous lever & de passer chez Monsieur le Cardinal. Il la pressa tant, que sans lui vouloir donner le tems de parler à M. le Prince de Conti, cette Princesse prit uniquement sa robe de chambre, & s'en alla demander l'Evêché au Cardinal.

Le Mazarin n'étoit pas un homme qui donnât aisément ; cependant cette Princesse obtint de son Oncle, qu'il nommeroit l'Abbé à un Evêché qui va-

quoit, de moindre valeur que Valence;
cette Princesse toute gracieuse revint à
son appartement ; l'Abbé l'y attendoit:
Nous avons à peu près votre affaire , lui
dit-elle , mais ce n'est pas de Valence
dont il est question; & tout de suite elle
lui conta ce que le Cardinal lui avoit
promis. Comment, Madame, lui repli-
qua-t-il , vous revenez contente & n'a-
vez rien obtenu ? Ce n'est plus mon affaire, c'est la vôtre ; je vous déclare que
c'est l'Evêché de Valence dont il est
question , & dès que votre Altesse sera
habillée, elle retournera achever ce qu'elle
a commencé. En effet , quelques jours
après , l'Abbé de Cosnac prêcha devant
la Reine; toute la Cour y étoit; & comme il descendoit de la chaire , le Cardinal s'avança, & lui dit : Monsieur , vous
nommer Evêque de Valence au sortir
d'un aussi beau Sermon que celui que
vous venez de faire, cela s'appelle recevoir le Bâton de Maréchal de France sur
la bréche ; remerciez le Roi de cet important Bénéfice. Il n'eut pas sitôt fait
ses remercimens, qu'il alla chez M. de
Paris, à qui il demanda la Prêtrise , que
ce Prélat lui promit sans peine.

Ce n'est pas là tout , lui repliqua M.

de Valence, c'est que je vous supplie
de me faire Diacre; volontiers, lui dit
M. de Paris : vous n'en serez pas quitte pour ces deux graces, Monseigneur,
interrompit M. de Valence, car outre
la Prêtrise & le Diaconat, je vous demande encore le Sous - Diaconat : Au
nom de Dieu, reprit brusquement M.
de Paris, dépêchez-vous de m'assurer
que vous êtes tonsuré, de peur que
vous ne remontiez dans cette disette
des Sacremens jusqu'à la nécessité du
Baptême.

Cette grace de l'Evêché de Valence
répanduë dans la maison de Monsieur le
Prince de Conti, excita bien des envieux. Vardes & Villars ne perdoient
aucune occasion pour lui nuire ; mais
à vrai dire, l'Evêque de Valence avoit
plus d'esprit qu'eux tous. Un soir que
M. le Prince de Conti étoit au Cours,
& n'avoit avec lui dans son Carosse
que l'Evêque de Valence ; le Comte du
Lude, & Vardes passerent au galop
venant de courre un Cerf. M. le Prince de Conti fit appeller ce dernier, auquel il dit de venir le soir chez l'Abbé
de la Riviere qui lui donnoit à souper.
Vardes s'en excusa sur la fatigue de

la

la chasse qu'il avoit faite, & demanda
à M. le Prince de Conti là permission
de se retirer, l'assurant qu'il alloit descendre chez un Baigneur pour ne voir
personne. Quand l'heure du souper fut
arrivée, le Prince de Conti passa chez
l'Abbé de la Riviere ; & après lui avoir
dit qu'il se trouvoit mal, & que Madame
la Princesse de Conti s'étoit fait saigner
ce jour-là, il se retira, sans souper, à
l'Hôtel de Conti. La premiere chose que
ce Prince, suivi de l'Evêque de Valence, trouva en entrant dans la chambre
de la Princesse de Conti, laquelle étoit
effectivement au lit, entourée de ses
femmes, ce fut Vardes paré comme
un homme qui veut plaire, vêtu magnifiquement, & la tête, qu'il avoit
belle, bouclée & poudrée avec plus de
soin qu'il ne convient, quand deux heures auparavant l'on étoit fatigué d'a-
voir couru le Cerf. Le Prince de Conti
le regarda & ne dit mot, congedia sa
Cour & se retira. Quelques jours après,
ce Prince alla passer une semaine à
Chilli pour prendre l'air dans cette
belle maison du Marquis d'Effiat. L'E-
vêque de Valence étoit bien résolu de
noyer M. de Vardes s'il en trouvoit

l'occasion , & M.de Vardes s'étoit souvent déclaré , qu'il ne perdoit pas celle de lui marquer qu'il n'étoit point de ses amis. Madame la Princesse de Conti étoit restée à Paris. M. le Prince de Conti n'étoit pas capable d'avoir long-temps quelque chose sur le cœur, sans que ceux qui avoient l'honneur de l'approcher s'en apperçussent ; & l'Evêque de Valence l'avoit si parfaitement étudié , qu'il le connoissoit à merveille. Un jour que ce Prince se promenoit le long du canal de Chilli , après avoir long-temps rêvé , voyant qu'il étoit seul avec l'Evêque de Valence : M. de Valence , lui dit M. le Prince de Conti, parlez-moi comme vous faisiez du temps que vous étiez l'Abbé de Cosnac; que vous semble de Vardes ? Que c'est l'homme de France le mieux fait & le plus aimable , reprit M. de Valence ; mais à quel propos Votre Altesse me fait-elle cette question ? Pour rien , reprit le Prince de Conti ; mais je ne vous cacherai pas que l'affectation de se parer, comme il fit dernierement chez la Princesse de Conti , après m'avoir assuré qu'il alloit se retirer , m'a frapé. Je connois l'innocence & la vertu de ma

Femme ; mais croyez-vous que Vardes
fût assez insolent pour oser jetter les
yeux tendrement sur elle ? C'étoit une
belle occasion à l'Evêque de Valence
de nuire à M. de Vardes ; mais il ne
crut pas que la matiére fût encore assez
préparée. Il parla cette fois de Vardes
comme d'un homme trop sage pour s'é-
lever à une telle pensée ; il l'excusa même sur les soupçons dont le Prince de
Conti venoit de lui faire confidence, &
demeura ferme à l'assurer qu'il n'avoit
jamais rien connu dans M. de Vardes
qui lui laissât la moindre idée qu'il eût
jamais regardé que très-respectue sement Madame la Princesse de Conti.
Trois jours après cette premiere conversation, le Prince de Conti se promenant dans son Carosse tête à tête avec
M. de Valence, fit l'éloge de la Princesse
sa Femme, à cela près, dit-il, qu'avec
toute la vertu & toute la modestie dési-
rable, elle a, comme toutes les autres
femmes, la vanité de plaire; & que sçais-
je, ajoûta-t-il, si elle éviteroit celle d'ê-
tre aimée ? Monseigneur, repliqua l'E-
vêque de Valence, chercher une femme
qui ne souffre pas d'être aimée, c'est de-
sirer un Cigne noir. Sur cela M. le Prin-

ce de Conti lui reparla de Vardes, &
pour lors; après lui avoir laissé miton-
ner le poison dont il voyoit que ce Prince étoit attaqué , je n'ai rien vû, reprit
l'Évêque de Valence,qui me puisse faire
croire que M.de Vardes se fût oublié
au point d'élever ses regards jusqu'à
Madame la Princesse de Conti ; mais
V. A. me fait souvenir d'un rien que
j'ai remarqué il y a quelques jours.
Elle joüoit à la Prisme , & filoit sur un
flux qu'elle desiroit,un As qui ne pouvoit, êtreà la disposition du jeu , qu'un
As de Cœur , ou un As de Carreau ,
c'étoit celui de Cœur qui étoit neces-
faire ; Vardes qui voyoit son jeu lui dit
assez haut,j'espere que ce sera un Cœur;
& puis en s'approchant plus près de son
oreille,comme pour mieux voir la Carte,
il continua d'un ton plus que demi bas:
j'en connois un,Madame , qui ne vous
manquera jamais. Ce discours de l'Evêque de Valence fut un coup de poignard
qui fit son effet. Le Prince de Conti se
trouva mal le soir;& depuis ce moment,
sans en rien témoigner à Madame la
Princesse de Conti , Vardes s'apperçût
si bien qu'il étoit mal avec le Prince de
Conti , que sans jamais en avoir sçû la

raiſon, il ne ſongea plus à faire ſa fortune par lui, & ſe retira tout-à-fait de l'attachement qu'il avoit pour le Prince de Conti.

Le Duc de Candale étoit ami de Vardes, & ne pouvoit ſouffrir l'Evêque de Valence. Villars le haïſſoit; l'Abbé de Roquette, & toute la Cabale oppoſée à ſa faveur eſſayoit de le perdre. L'Evêque de Valence s'en apperçût; il étoit du jeu de la Reine, & avoit conſervé aſſez de familiarité avec le Cardinal, du jeu duquel il étoit auſſi. M. le Prince de Conti avoit pour Intendant de ſa Maiſon un nommé de Pile qui paſſoit pour honnête homme, & dont ce Prince, pour quelque mécontentement, voulut ſe défaire. L'Evêque de Valence entreprit de le ſoûtenir, & en parla au Prince de Conti, lequel étoit déterminé à ſe défaire dudit de Pile: Monſeigneur, lui dit M. de Valence, ſi V. A. ſe défait de cet honnête homme-là, les honnêtes gens ne doivent plus eſperer de ſalut chez vous. Ce diſcours déplût au Prince de Conti. L'Evêque de Valence répondit peut-être avec plus de fermeté qu'il ne convient de parler à ſon Maître : M. de Valence lui mit, comme l'on dit, le marché à la

main, & lui offrit de se retirer. Le Prince
de Conti, blessé de ce discours, le prit au
mot, & quelques jours après, la division
augmenta au point que l'Evêque de Valence exigea seulement de M. de Pile
qu'ils prendroient congé pour sortir de
la maison le même jour ; de sorte que
de Pile ayant rendu ses comptes , &
l'Evêque de Valence ayant la derniere
fois fait ses fonctions de Premier Gentil-
homme de la Chambre , dès qu'il eut
donné la chemise à M. le Prince de Conti , au lever duquel il y avoit beaucoup
de gens , cet Evêque prit la parole, demanda pardon à S. A. d'avoir peut être
eu le malheur de ne l'avoir pas aussi bien
servi qu'il l'avoir toûjours desiré , le re-
mercia des graces qu'il avoit reçuës, &
pour finir son discours par une espece
de turlupinade : Monseigneur, lui dit-il
en prenant M. de Pile par une main &
en tenant sa Croix d'Evêque de l'autre:
cet homme a bien conduit vos Finances,
il a le malheur comme moy de sortir de
vôtre maison , aussi laissons-nous vôtre
maison sans Croix ni Pile. Cette liberté
de langue ne plût pas à M. le Prince de
Conti , qui ne laissa pas de sourire , &
donna dans ce moment l'Emploi de

Premier Gentil - homme à Villars, qui n'a jamais sçû peut-être que la fantaisie d'un duël imaginaire, dont il n'a de sa vie entendu parler, avoit fait le fondement de sa fortune.

Le Roi commençoit à devenir grand, & MONSIEUR étoit la plus jolie creature de France; on parloit de faire sa Maison. Le Cardinal vouloit faire argent de tout; il sçavoit que l'Evêque de Valence en avoit; il lui fit proposer de l'accommoder de la Charge de Premier Aumônier de Monsieur : cette Charge ne lui convenoit qu'en ce que c'étoit une certitude de n'aller guéres à son Diocése, & de demeurer à la Cour. La Reine lui fit cette proposition comme chose qu'elle souhaitoit ; & l'ayant fait appeller dans son cabinet au sortir de son jeu, elle lui dit obligeamment, qu'elle eût été ravie de l'attacher auprès de Monsieur. Votre Majesté me fait trop d'honneur, Madame, lui dit-il; mais la Cour des Princes, qui ne sont pas Rois, est trop orageuse ; j'en viens d'essuyer les bourasques chez M. le Prince de Conti ; & si Votre Majesté me laisse le maître de décider, je voudrois être au Roi, ou demeurer comme je suis. La Reine ne prit pas cette réponse comme un refus, elle le congedia , en l'exhortant d'y songer. Son parti de ne point entrer dans la Maison de Monsieur étoit pris, quand il survint entre le Roi & Monsieur son Frere, un petit démêlé d'enfans , qui se disputent quelque chose. Le Roi voulut prendre un poëslon de boüillie; Monsieur en tenoit le manche;& avant que les Gouverneurs eussent fait finir ce tiraillement, Monsieur fit mine d'en vouloir fraper le Roi. La Reine avertie, vint faire foüetter Monsieur;& l'éclat que cela fit, détermina l'Evêque de Valence à aller trouver le Cardinal : Monseigneur , lui dit-il, j'ai songé à ce que Vôtre Eminence m'a fait l'honneur de me faire proposer; je craignois que Monsieur ne fût qu'un joli Prince ; mais je vois qu'il y a en lui de quoi faire un homme, & de tout mon cœur j'entrerai à son service. Ce marché fut conclu;& dès qu'on fit la Maison de Monsieur, l'Evêque de Valence fut nommé son Premier Aumónier.

Quoique la guerre fût vive pendant l'Eté , la magnificence, le jeu, l'amour & les intrigues renaissoient l'Hyver. Le Duc de Candale avoit fait une campagne assez malheureuse en Catalogne,

&

& revenoit à la Cour. L'Evêque de Valence étoit dans son Diocése, prêt à revenir pareillement. Le Duc de Candale & lui étoient mal ensemble dès le tems que Vardes se détacha de M. le Prince de Conti. Le chemin du Duc de Candale étoit de passer indispensablement à Valence; il envoya un Gentil-homme à l'avance faire un compliment à l'Evêque, & lui demander à souper. Volontiers, répondit l'Evêque, je vous supplie même de lui dire que j'espere qu'il viendra coucher céans, à la charge que nous ne parlerons pas du passé. Le Duc de Candale fut reçû de M. l'Evêque de Valence, comme si c'eût été le Roi qui l'eût honoré d'une visite. Les vrais Gascons deviennent plus grands à proportion qu'ils trouvent des gens plus gascons qu'eux. Le Duc de Candale étoit suivi de quantité d'Officiers de l'armée, & de beaucoup de Gentils - hommes de ses Gouvernemens de Guienne & d'Auvergne, qui le conduisoient jusqu'à Lion. Il fut charmé de la reception & de la bonne chere que l'on lui fit. Le soir, avant que de se retirer tout - à-fait, ils s'éclaircirent de plusieurs choses, & se coucherent tard. Cependant,

comme le Duc de Candale déjeûnoit le
lendemain pour partir, la vanité de se
voir suivi de tant de noblesse, fit qu'un
moment avant que de monter à cheval,
il dit d'un ton assez haut, en embrassant
M de Valence: Au moins, Monsieur, permettez-moi devant tous ces Messieurs,
de marquer publiquement que nôtre re-
conciliation est sincere. Je vous fais devant eux mille excuses des mauvais offices que je vous ai rendus auprès de M.
le Prince de Conti, j'en suis repentant,
& je vous prie de me pardonner: Monsieur, reprit l'Evêque de Valence, d'un
ton encore plus haut, ne vous repentez
point, je vous en prie, car je vous pro-
mets publiquement devant tous ces
Messieurs que si vous m'avez rendu de
mauvais offices auprès de M le Prince
de Conti, je vous les ai bien amplement
rendus auprès de M. le Cardinal.

Quelques années après l'on commença de parler de la paix. Elle étoit nécessaire à l'Etat, la Reine la vouloit; elle fut
concluë, & l'on fit le voyage de S. Jean
du Luz, où le mariage du Roi s'acheva.
Le Cardinal, que l'Evêque de Valence
réjoüissoit, l'avoit mis de son jeu pendant
le voyage. Un jour que M. l'Evêque d'Or-

Ieans, l'Abbé le Camus, depuis Cardinal, quelques autres Aumôniers du Roi & l'Evêque de Valence, se promenoient avec liberté le long de la mer, quelqu'un d'eux mécontent du Cardinal en dit mille maux, l'Evêque de Valence ne l'épargna pas, & l Abbé de Donzy en parut très-mécontent, chacun s'en plaignit; ces Messieurs s'échauffoient à en dire du mal, quand tout d'un coup l'Evêque de Valence cessa, prit son chapeau, ses gands & son manteau, que la liberté de la promenade lui avoit fait quitter, & leur dit: Messieurs, je vous donne le bon soir, je me retire, & vais conter à M. le Cardinal tout ce que j'en ai dit, & tout ce que vous en avez dit ; car j'aime encore mieux, pour vous & pour moi, qu'il en soit informé par mes soins, que par ceux de l'Abbé de Donzy, qui ne manqueroit pas de lui en rendre compte.

Le Roy fut marié en 1660. & Monsieur le fut l'année d'après. Jamais la France n'a vû une Princesse plus aimable que Henriette d'Angleterre, que Monsieur épousa. Elle avoit les yeux noirs, vifs & pleins du feu contagieux que les hommes ne sçauroient fixément observer sans en ressentir l'effet ; ses yeux paroiſſoient même atteints du deſir de plaire à ceux qui les regardoient. Jamais Princeſſe ne fut ſi touchante, ni n'eut autant qu'elle l'air de vouloir bien que l'on fût charmé du plaiſir de la voir. Toute ſa perſonne étoit ornée de charme; l'on s'intereſſoit à elle, & on l'aimoit ſans penſer que l'on pût faire autrement. Quand quelqu'un la regardoit, & qu'elle s'en appercevoit, il n'étoit plus poſſible de ne pas croire que ce fût à celui qui la voyoit, qu'elle vouloit uniquement plaire. Elle avoit tout l'eſprit qu'il faut pour être charmante, & tout celui qu'il faut pour les affaires importantes, ſi les conjonctures de ſe faire valoir ſe fuſſent préſentées, & qu'il eût été queſtion pour lors à la Cour d'autre choſe que de plaire. Le Roy étoit aimable, jeune, galand, magnifique; le goût de Monſieur n'étoit pas tout-à-fait tourné du côté des femmes, parmi leſquelles rien ne paroiſſoit plus digne d'être aimé que Madame. Peut-être eût-elle voulu l'être du Roi, dont les regards, les ſoins, l'attention, le goût & la tendreſſe ſe tournerent entierement du côté de Mademoiſelle de la Valliere. L'inclination avoit formé cette union , & deux perſonnes nées pour s'aimer véritablement ne ſe ſont jamais aimées de meilleure foi , ni plus tendre-ment.

Le Chevalier de Lorraine, fait comme on peint les Anges , ſe donna à Mon-ſieur, & devint bien-tôt favory, maître, diſpoſant des graces; & plus abſolu chez Monſieur , qu'il n'eſt permis de l'être quand on ne veut pas paſſer pour le Maître ou la Maîtreſſe de la maiſon. Madame parla avec horreur , & douleur de ce déſordre, dont elle ſe plaignit d'a-bord à Madame de S. Chaumont, intime amie de l'Evêque de Valence, qui de ſon côté ne pouvoit ſouffrir le Chevalier de Lorraine. Ce Conſeil réſolut que Mada-me entretiendroit le Roi de ſes malheurs. Je ne ſçai ſi le Roi parla durement à Monſieur ; mais Monſieur bouda quel-ques jours , & ſous des prétextes imagi-naires de jalouſie, dont Madame ne lui donnoit aucun ſujet effectif, il feignit de vouloir aller paſſer quelques ſemaines à Villers-coterets , & y conduiſit Mada-me. Il y étoit quand la mort du Prin-ce de Conti arriva. Ce Prince laiſſoit par ſa mort le Gouvernement de Lan-guedoc. Monſieur voulut le demander,

& crut que l'Evêque de Valence étoit
pl.s capable qu'aucun homme de sa
Maison de presser le Roi sur la demande qu'il lui ordonna de faire de sa part
de ce Gouvernement pour lui ; de sorte
qu'il le chargea d'une lettre qu'il écrivoit au Roi son Frere, & il le fit partir de Villers-coterets pour se rendre à
S. Germain, où la Cour étoit alors.
L'Evêque de Valence demanda au Roi
une Audiance de la part de Monsieur,
qui lui fut accordée sur le champ. De
quoi est-il question, Monsieur ? lui dit
le Roi. Mon Frere boude t-il encore
sans sçavoir pourquoi, ou ne s'est-il
éloigné de moi que pour être moins
gêné ? J'ai ordre, Sire, répondit M.
l'Evêque de Valence, de remettre à
Votre Majesté une lettre dont
Monsieur m'a chargé, & de prendre au
même temps la liberté de lui representer, qu'ayant l'honneur d'être son Frere
unique, il a lieu d'esperer que vous ne
lui refuserez pas le Gouvernement de
Languedoc. Le Gouvernement de Languedoc, s'écria le Roi ! Je croyois que
tous les Gouvernemens particuliers des
Provinces étoient au-dessous de mon
Frere. En prenant la lettre, le Roi

acheva de la lire ; après quoi regardant l'Evêque de Valence , est-ce là tout , Monsieur ? lui dit le Roi. Oserai-je, Sire , repliqua M. de Valence , prendre la liberté de représenter respectueusement à VOTRE MAJESTE' la juste douleur que Monsieur recevra , si VOTRE MAJESTE' le refuse ; & puisque V. M. m'a fait l'honneur de me demander déja si Monsieur boude encore, il semble par là que V.M. croit qu'il en a quelque sujet, bien ou mal fondé. Il n'y a personne, Sire, qui puisse ni doive entrer dans le sacré détail de ce qui se passe entre vous deux ; mais enfin, Monsieur est vôtre Frere , il vous demande avec empressement le Gouvernement de Languedoc, & V.M. s'est apperçûë qu'il n'est pas content. Monsieur , lui dit le Roi, je vous ferai donner la réponse que je vais faire à mon Frere dans demie heure ; dites - lui que les Princes du Sang ne sont jamais bien en France ailleurs qu'à la Cour ; & qu'à l'égard du Gouvernement de Languedoc, je le prie de se souvenir que nous sommes convenus lui & moi, qu'il n'auroit jamais de Gouvernement. En achevant ce mot , le Roi ouvrit lui-même la porte de son

L iiij

Cabinet, & congedia M. de Valence, auquel il fit remettre demie heure après la réponse qu'il fit à Monsieur, qui de son côté, après avoir encore boudé quelques jours, revint à la Cour, où le Roi le comb'a d'amitiez, de présens & de manieres charmantes. Cependant Madame ne pouvoit pardonner à Madame de la Valliere, d'avoir sçû si parfaitement plaire au Roi. Je ne sçai si elle eût plûtôt pardonné à une autre Maîtresse ; elle essaya de lui donner Madame de Monaco. Les hommes croyent toûjours que ce n'est pas une grande infidelité que de profiter des conjonctures que l'amour propre, le plaisir, ou la vanité peuvent offrir. Le Roi avoit agacé Madame de Monaco, & Madame de Monaco ne s'étoit pas éloignée de ce jargon, auquel elle eût bien voulu prêter l'oreille. M. de Lausun l'aimoit depuis long-tems ; & quand on aime véritablement, l'on regarde de bien près. C'est un malheur aux gens élevez de ne pouvoir se passer de la confidence de leurs domestiques. Madame de Monaco crut qu'en avoüant à une de ses femmes de Chambre, qui couchoit dans son Antichambre, que le Roi la devoit venir trouver à deux heu-

res après minuit, cette femme, sans laquelle le Roi ne pouvoit entrer commo-
dément chez elle, la serviroit fidellement.
Cette femme de Chambre lui promit le
secret qu'elle lui tint en effet, à cela près
qu'elle avertit M. de Lausun du rendez-
vous, & que l'on étoit convenu qu'à deux
heures le Roi trouveroit, en passant le
long du Corridor de l'appartement de
Madame de Monaco, la clef qu'elle
auroit soin de laisser à la porte de cette
Antichambre, où couchoit cette fille.
M. de Lausun paya magnifiquement cet
avis, & exigea seulement de cette fille
que dès une heure après minuit la clef
seroit à la porte ; de sorte que M. de
Lausun, passant lui-même par ce Corridor, dès que tout le monde lui parut
couché, ferma à double tour, prit la
clef, & se retira. Le bruit que fit le
mouvement des ressorts d'une serrure,
allarma cette fille, & Madame de Monaco, qui raisonnoit sur cet événement,
quand le Roi vint à deux heures, comme il l'avoit promis : mais quel moyen
y avoit-il d'entrer en éclaircissement à
l'heure qu'il étoit, & au travers d'une
porte ? il étoit impossible. Le Roi s'en
retourna, & n'a sçû que long-temps

après , quand M. de Lausun fut arrêté , par où ni comment cette porte s'étoit fermée, ayant trouvé dans une espece de Mémoire, que M. de Lausun tenoit dans une cassette, qu'il avoit donné trois mille Pistoles à cette fille de Madame de Monaco, qui lui rendoit compte des actions de sa Maîtresse. Je ne sçai si le Roi prit des rendez-vous plus certains ou plus commodes avec Madame de Monaco ; mais ce commerce n'eut que peu ou point de suite.

La faveur du Chevalier de Lorraine continuoit , & Madame prenoit sur elle la peine que sa présence lui faisoit , toutes les fois qu'elle le rencontroit. Cette Princesse pleuroit souvent ; & de l'envie qu'elle avoit eue certainement de plaire au Roi , il lui restoit au moins que Sa Majesté la consoloit, & qu'elle trouvoit dans ses conseils le charme que la confiance peut donner. Le Chevalier de Rohan avoit aussi bonne mine qu'homme du Royaume; c'étoit un homme d'un esprit dérangé, plein d'imaginations vagues, brave & magnifique ; il y auroit eu du bon dans sa sorte d'esprit, si quelque regle avoit pû former en lui quelque chose qui ressemblât aux usages ordinai-

res, & à ce que les autres penfent. Sa vanité lui fit croire que Madame lui fçauroit gré d'une infulte qu'il avoit faite
au Chevalier de Lorraine ; & fans avoir
peut-être d'autre prétention fur le cœur
de cette Princeffe, que celle que lui donneroit l'inimitié du Chevalier de Lorraine, il le querella, & fe vanta de l'avoir
frappé ; le Chevalier de Lorraine affura
le contraire. Le Roi ordonna au Duc de
Noailles de les racommoder. Le Che-
vailler de Rohan défavoüa ce qu'il avoit
avancé, & en figna même le défaveu ; &
le même jour, il écrivit à dix de fes amis,
que pour éviter la rigueur des Ordon-
nances, il avoit crû pouvoir nier un fait,
lequel étoit pourtant tel qu'il l'avoit
publié.

Ces billets, dont le Chevalier de Lorraine & Monfieur avoient connoiffance,
firent encore un nouvel éclat. Quoi qu'il
en foit, ce démêlé, dont les procedez
n'ont jamais été bien nets, n'a pas fait
honneur, ni à la vie du Chevalier de
Lorraine, ni à la mémoire du Chevalier
de Rohan, qui eut le col coupé quelques années après, pour d'autres chofes
qui n'ont nul rapport à cette affaire.

Dans ce temps-là s'imprima un Livre

en Hollande, dont M. de Louvois eut le premier exemplaire. Ce livre étoit une Histoire merveilleusement bien écrite ; elle portoit pour titre : *Les Amours du Palais Royal.*

Madame s'y trouvoit cruellement traitée ; & la prétenduë passion, qu'on l'accusoit d'avoir euë inutilement pour le Roi , y étoit tout au long.

Monsieur de Louvois remit ce petit Livre au Roi, qui crut que Madame en devoit être informée , afin de prendre quelques mesures avec Monsieur , au cas qu'il en eût connoissance. Il est inconcevable combien Madame fut pénétrée de cet imprimé ; & sans rien décider avec le Roi , sur ce qu'il y avoit à faire pour prévenir Monsieur , elle s'enferma dès que le Roi fut retourné chez lui , & envoya chercher l'Evêque de Valence. Je suis perduë , lui dit-elle, mon pauvre Valence , lisez , en lui donnant ce petit Livre , lisez toutes ces fausses horreurs que Monsieur ne croira que trop ; & puis , ajoûta-elle , quand même je serois justifiée avec Monsieur , le serois-je avec le Public , auquel l'on ne peut cacher la lecture de tout ce que contient cette Fable ? Monsieur l'Evê-

que de Valence la confola tant qu'il put,
& la raffura fur la fauffeté des circonftances. Le lendemain Madame outrée
qui ne s'étoit ouverte de cette avanture
qu'à M.de Valence,l'envoya chercher;
on lui raporta qu'il étoit allé à Paris;elle
lui écrivit un mot pour l'obliger de venir lui parler. Le Page qu'elle envoya à
Paris l'affura que l'Evêque de Valence
n'avoit pas couché chez lui , & que fes
gens difoient qu'il étoit allé faire un tour
de huit jours à la campagne , chez un
de fes amis.Mon Dieu,difoit cette Princeffe à Madame de Saint Chaumont ,
que vôtre ami prend mal fon temps;je
lui ai confié la chofe du monde la plus
importante , je n'en puis parler qu'à
lui,& il eft affez indifcret pour s'abfen-
ter. Madame de Saint Chaumont , qui
ne fçavoit effectivement ce qu'il étoit
devenu , envoya de tous côtez pour en
fçavoir des nouvelles , & tout ce qu'elle
fit pour le faire chercher pendant dix
jours , fut inutile ; enfin le onziéme,M.
de Valence parut devant Madame à
l'heure du matin que l'on pouvoit entrer dans fa chambre. Dès que Madame fut habillée , elle paffa dans fon cabinet, & le fit appeller : Pourquoi m'a-

vez-vous quittée, Monsieur, lui dit-elle,
dans le temps de ma vie que j'ai plus
besoin de consolation, & que mon cœur
est le plus affligé ? Tenez, Madame, lui
dit **M.** de Valence, en lui tirant de ses
poches, & de dessous sa soûtanne, près de
trois cens exemplaires en feüilles; tenez,
Mad me, il n'en sera plus parlé, brûlez-
les vous-même. Et tout de suite l'Evêque
de Valence lui conta, qu'au sortir de la
premiere conversation, dans laquelle
elle eut la bonté de lui conter ses malheurs, il avoit pris le parti de passer en
poste en Hollande ; qu'il avoit souftrait
jusqu'au premier exemplaire de cette
Histoire qui lui faisoit de la peine;& que
moyennant deux mille Pistoles qu'il
avoit données au Libraire , il ne seroit
jamais parlé de ce Livre,dont il l'assura
que deux exemplaires seulement ne pouvoient se ratraper ; un envoyé à Monsieur de Louvois , & l'autre au Roi
d'Angleterre.La joye que ressentit Madame de la singularité de ce service important,ne peut s'exprimer , & fit depuis le
fondement de toute la confiance que
Madame prit en lui sur tous les secrets
de son cœur.

L'Evêque de Valence m'a montré,

quinze ans après la mort de Madame, un seul exemplaire de cette Histoire , qu'il avoit gardé pour sa curiosité ; il ne ressemble en rien à celui qui a couru depuis sous le même titre , lequel ne contient pas un seul mot de vérité, & jamais l'on n'a rien sçû de cette Histoire, Madame ayant brûlé l'exemplaire que le Roi lui remit; le Roi d'Angleterre, son Frere, lui ayant pareillement remis le sien, qu'elle brûla; & l'Evêque de Valence, ayant vraisemblablement tenu le serment qu'il me fit, qu'avant que de mourir il brûleroit ce seul exemplaire qui lui restoit , dont j'ai lû dans ce temps-là plus de la moitié.

Le Roi eut connoissance par Madame , de cette noble vivacité de l'Evêque de Valence , dont il le loüa en particulier, sans que jamais il lui en ait rien témoigné.

La paix, qui duroit depuis le mariage de Sa Majesté, n'étoit guéres compatible avec le courage d'un jeune Roi qui se sentoit heureux , & dont les grands talens avoient , pour ainsi dire, été cachez pendant le gouvernement de Mazarin, qui étoit mort quelques années auparavant. La renonciation de la Reine , à la succession d'Espagne, ne s'étendoit pas si

nettement fur les Pays-Bas , qu'il n'y
eût une infinité de prétextes légitimes ou
vrai-femblables pour recommencer la
guerre,qui fut précedée d'un Manifefte
qui parut,dans lequel le Roi mettoit en
avant une infinité de raifons pour auto-
rifer la rupture de la paix.

Le Roi porta fes armes en Flandres,
commandant lui-même fon Armée,avec
une netteté , un ordre,une vivacité,une
intelligence de la guerre,& un bonheur
qui ne s'étoit jamais vû pareil ; chacun
fçait comme ce grand Prince s'expofoit;
prenoit la peine & entroit lui - même
dans les moindres détails du Comm an-
dement de fon Armée.

L'Evêque de Valence,qui ne trouvoit
prefque plus dans Monfieur ce qui l'a-
voit déterminé à fe donner à lui quand
il entra dans fa Maifon , & qui ne fe
trouvoit de rien , parce que Monfieur
n'étoit gueres confulté,n'avoit pas laiffé
de conferver auprès de lui une extrême
liberté de parler ; quoiqu'il fût ennemi du Chevalier de Lorraine , & parfaitement attaché aux interêts de Madame , Monfieur le confideroit & le
confultoit. Il mit en tête à Monfieur ,
que le tems de travailler à fa réputation

tion étoit venu, & qu'il ne lui devoit pas suffire de s'expofer à la Guerre, & de s'acquerir la gloire d'être vaillant, qu'il devoit avoir part aux Confeils, & demander au Roi l'honneur & la liberté d'y entrer. Monfieur le fit & fut refufé. Les donneurs d'avis parmi les Princes font en quelque maniere garants du fuccès de ce qu'ils propofent. Monfieur fe plaignit aigrement à M. de Valence de ce qu'il l'avoit embarqué à fe faire refufer : Comment, Monfieur, repliqua M. l'Evêque de Valence, vous vous affligez d'un refus que vous fait votre Frere, & vous vous laiffez abattre par une bagatelle, dont il me femble qu'à votre place je me ferois un mérite important. Croyez-moi, Monfieur, continua M. de Valence, dès que le Roi ne pourra vous refufer fon amitié & eftime, il faut qu'il vous en donne des marques effectives ; fon amitié vous eft immanquable : travaillez à vous faire une réputation dont il foit jaloux lui-même, & je vous réponds du refte. En effet, Monfieur réfolut que dès le lendemain du grand matin il iroit vifiter les Gardes, qu'il iroit à la tranchée avant que le Roi pût en avoir connoiffance, qu'il répandroit de l'ar-

gent aux troupes, qu'il feroit avancer le
travail du fiége, auquel on étoit alors; &
qu'enfin quand le Roi lui demanderoit
au retour des nouvelles de ce qu'il avoit
fait , Monfieur lui répondroit avec fermeté , que puifqu'il n'étoit pas encore
affez heureux pour pouvoir le fervir de
fon confeil,il vouloit tâcher auparavant
de fe rendre digne de le fervir de fa
perfonne. Monfieur fuivit exactement
ce projet , & dès le lendemain fe montra vaillamment aux poftes les plus
avancez. L'Evêque de Valence lui fervit, non pas d'Aumônier, mais de Tré-
forier, jettant de l'argent à tous les blef-
fez & aux travailleurs pour faire avancer
les ouvrages.

Le Roi fut averti de bonne heure que
Monfieur étoit à la tranchée,& envoya
un de fes Aides de Camp fçavoir de
fes nouvelles.Tous ceux qui revenoient
d'où Monfieur étoit, parloient de fa valeur avec éloge. Le Roi fit au matin fes
promenades , & donna fes Ordres de
General; après quoi,entrant chez lui , il
demanda Monfieur,qui n'étoit pas revenu,& lui envoya dire qu'il l'attendoit
pour dîner. A cela Monfieur répondit
refpectueufement,qu'il le fupplioit de ne

pas l'attendre, qu'il avoit fait commencer un travail qu'il feroit bien aife de voir achever, & qu'il avoit fait aporter un morceau pour manger à la tranchée. En effet, fur les quatre heures du foir Monfieur revint , & rendit compte au Roi de l'état de la tranchée , de ce qui s'y étoit paffé depuis le matin , & finit par dire , que puifqu'il n'étoit pas affez heureux pour pouvoir le fervir dans fes Confeils, il étoit réfolu de fe rendre digne de le fervir de fa perfonne & de fon bras. Le Roi, fans paroître émû, lui repliqua avec un ton affez ironique : diable, mon Frere, je vous confeille de vous faire fac à terre; oh bien! allez vous repofer, car vous en avez grand befoin.

L'Evêque de Valence , qui entendit ce difcours, n'en fut gueres moins frappé que Monfieur , qui continua depuis fon premier train de vie, c'eft-à-dire, de fuivre & de voir le Roi , fans fe mêler de rien.

Le Roi prit Doüay & Tournay, l'Ifle, & plufieurs autres Places. L'hyver il porta fes armes en Franche-Com rien ne réfiftoit à fa valeur, aux bonnes mefures qu'il prenoit, ni au chemin qu'il fe frayoit à la gloire que Sa Majefté s'eft depuis si légitimement acquise. Tant de prosperitez dans ses armes ne pouvoient long-temps se maintenir sans réveiller les Puissances voisines. L'Angleterre, la Hollande, l'Espagne offensées proposerent la paix, qui fut faite, & la plûpart des conquêtes que le Roi fit cette belle campagne, qui porta le nom de la campagne de l'Isle, lui resterent.

Le Duc de Montmouth passa d'Angleterre à la Cour dans ce temps-là. C'etoit un Prince mieux fait, & plus beau qu'il n'étoit aimable. L'interêt que Madame parut prendre à ce Prince, qu'elle honoroit du nom de son Neveu, & auquel elle eut soin d'ordonner les plus magnifiques habits de France, la maniere dont il dansoit les contre-danses, qu'il aprit à Madame, la familiarité que donne la commodité de parler quelquefois une même langue que les autres n'entendent pas, l'assiduité de ce Prince à se trouver aux heures ausquelles Madame étoit visible, les manieres de cette Princesse, toûjours charmantes; tout cela fit croire qu'il y avoit entr'eux une sorte de jargon, dont il n'est que trop aisé de soupçonner ceux qui sont naturellement galants. Le Chevalier de Lorraine, dont la faveur auprès de Monsieur subsistoit avec plus d'éclat que jamais, eut le malheur d'être regardé comme celui qui entretenoit les petites divisions qui naissoient souvent entre Madame & Monsieur. Les Grands sont assujettis à être vûs de plus près que ceux qui menent une vie privée. Je ne sçai si le Roi fut averti de ce commencement de chagrin par Monsieur, qui prétextoit son inquiétude des manieres de Madame avec le Duc de Montmouth, ou si le Roy en fut informé par Madame, qui prétextoit la sienne du crédit que le Chevalier de Lorraine avoit sur l'esprit de Monsieur ; le Roy fit ce qu'il pût pour empêcher l'éclat que ces divisions préparoient dans sa Maison ; mais les Roys, quelque puissans qu'ils soient, ne peuvent jamais étouffer le principe des affections ni des haines. Il exila pour quelque temps le Chevalier de Lorraine, qui se retira en Italie; & le Duc de Montmouth, après un séjour de quelques mois à la Cour, repassa en Angleterre.

J'ai oublié de remarquer que quand le Roi revint de Flandres, il avoit séjourné à Villers-cotterets. Monsieur l'a-

voit précédé de quelques jours pour
mettre sa Maison en état de le recevoir;
& comme ce Prince ordonnoit & travailloit lui-même à ranger des Chaises
dans ses appartemens, l'Evêque de Valence ne put s'empêcher de dire: qu'en
attendant que Monsieur fût en état de
ranger une Armée en bataille il s'apprenoit à ranger des Fauteüils. Ce discours
fut redit à Monsieur , & quelques jours
après, quand la Cour fut revenuë à Saint
Germain, le Roi, se ressouvenant du jour
que Monsieur s'étoit tant tourmenté à
la tranchée, lui demanda qui lui avoit
donné ce beau conseil, & Monsieur eut
la foiblesse de lui dire que c'étoit l'Evêque de Valence. Mon Frere, lui dit le Roi,
son conseil n'étoit pas trop obligeant
pour moi, mais il ne vous conseilloit pas
trop mal pour vous. Monsieur souffroit
impatiemment l'éxil du Chevalier de
Lorraine, auquel il envoyoit magnifiquement tout ce qui pouvoit contribuër à
diminuer la peine de l'absence ; il s'en
prenoit à Madame, & à tout ce qui l'ap-
prochoit. M. de Valence devint l'objet
de son aversion ; il crut qu'il avoit eu
part à l'éxil de son favori L'attachement
qu'il voyoit que cet Evêque avoit pour

les interêts de Madame l'offenſoit ; &
l'Evêque de Valence, qui s'en apperçût,
ſupplia Madame de lui permettre de ſe
retirer. Madame s'y oppoſa tant qu'elle
pût; les dégoûts que Monſieur lui donnoit renaiſſoient toutes les fois que l'occaſion s'en préſentoit. Au nom de Dieu,
Madame, lui diſoit l'Evêque de Valence, laiſſez-moi ſortir honnêtement par
la grande porte , & évitez-moi que
Monſieur ne me faſſe ſortir par les fe-
nêtres. Cette Princeſſe ſe rendit à une
infinité de raiſons que M. de Valence lui
dit; de ſorte qu'ayant aſſez ſecrettement
traité de ſa Charge avec l'Abbé de
Treſſant , Aumônier ordinaire , il pria
Monſieur de lui permettre de ſe retirer,
& fut pris au mot ; Monſieur ayant durement ajoûté que s'il n'avoit pas pris
ce parti , il étoit réſolu de l'y obliger.

Quelques jours après qu'il eut donné
la démiſſion de ſa Charge , & qu'il en
eut touché l'argent , Monſieur lui envoya dire par Varangeville qu'il s'étoit
ſouvenu qu'il lui devoit 14000. livres
du jeu , & qu'il les lui envoyeroit in-
ceſſamment. Monſieur , repliqua l'E-
vêque de Valence , me fait trop d'honneur , dites-lui que je les lui donne de

tout mon cœur ; mais puisqu'il veut payer ses dettes, que je le supplie de se souvenir de dix mille écus que j'ai été assez heureux pour lui prêter ; car pour ce qui est des 14000. livres du jeu, c'est une bagatelle, dont je suis récompensé par l'honneur que j'ai eu de joüer avec lui. Varangeville ne diminua rien de la signification gasconne de ses paroles, & Monsieur ordonna à Boisfranc de lui porter le lendemain dix mille écus, avec l'interêt du jour que le prêt avoit été fait.

Boisfranc se rendit sur les dix heures du lendemain matin chez l'Evêque de Valence. Le hazard fit qu'alors qu'il y arriva, plusieurs gens qui avoient affaire à cet Evêque s'y trouverent. L'arrivée de Boisfranc leur fit croire qu'il étoit mieux de les laisser seuls : Point du tout, Messieurs, dit M. de Valence, nous n'avons rien de particulier à dire M de Boisfranc & moi. Boisfranc s'approcha de son oreille, & lui dit tout bas, qu'il lui apportoit dix mille écus que Monsieur lui devoit: A moi, repliqua M. de Valence, tout haut, à moi dix mille écus? Monsieur se moque-t-il de moi? il est trop régulier. Beisfranc, qui ne pouvoit plus

tenir.

tenir le cas secret , lui répondit : oüi ,
Monsieur , j'ai ordre de vous rendre dix
mille écus que Monsieur vous doit , &
que je vous aporte. En verité , reprit
M. de Valence , je ne comptois plus que
cela me dût être payé , je suis un pauvre
Prêtre , qui puis me passer de peu, mais
un grand Prince comme Monsieur,obli-
gé à une infinité de dépenses , s'avise-
t-il de payer ses dettes , j'avois oublié
celle-là. J'ai même ordre , reprit Boisfranc , de vous payer les interêts : oh !
M. de Boisfranc vous vous méprenez ,
quand j'ai été assez heureux de prêter
dix mille écus à Monsieur , je les lui ai
prêtez en Gentilhomme & non comme
celui que vous placez souvent;ainsi pro-
fitez ou faites profiter Monsieur , ou tel
autre qu'il vous plaira de ces interêts ,
mais Monsieur sçait que je n'en ai jamais prétendu d'autre dans sa Maison
que celui que j'ai rencontré dans l'honneur d'être son domestique.

Boisfranc fit apporter les dix mille
écus que M. de Valence consentit de
prendre sans vouloir recevoir d'interêts
ni souffrir que l'on comptât cet argent.
Cette scene ne fut pas plûtôt passée que
Boisfranc lui présenta un Billet de qua-

torze mille livres. Qu'est-ce que c'est
que ce Billet, lui dit M. de Valence?
C'est un Billet, reprit Boisfranc, que
Monsieur veut vous donner pour quatorze mille livres qu'il vous doit du Jeu,
qui en attendant que celui qui doit la
même somme à Monsieur, vous les païe,
vous servira de sûreté. M. de Valence
prit ce Billet, & tirant de sa poche des
cizeaux sépara le nom de Monsieur du
reste du Billet. Les sillabes respectables,
dit-il, qui composent le nom de Monsieur sont sacrées, je vous prie de les
vouloir reprendre ; mais pour le reste du
Billet, il me permetra de le mettre en
piéces, & remettant entre les mains de
Boisfranc le mot Philippe, il déchira ce
Billet en mille piéces. Boisfranc rendit
compte à Monsieur de tout ce qui s'étoit
passé, peut-être y ajoûta-t-il quelque
chose, je ne sçai si d'autres gens ne souf-
flerent point à Monsieur, que les discours & les manœuvres de M. de Valence l'offençoient. Enfin, Monsieur se mit
en tête qu'il faloit qu'il sortît de Paris ;
& que pour abreger une infinité de con-
tes qui lui revenoient, il étoit de sa dignité, qu'il s'absentât ; de sorte que
Monsieur lui fit dire, non comme un

ordre, mais comme une forte d'infinua-
tion qui reffemble à un Commandement, quand il vient de ceux qui font
infiniment au-deffus de nous, qu'il devoit fonger à aller à fon Diocefe. A cela, M. de Valence répondit, que puifqu'il avoit eu le malheur de déplaire à
Monfieur, il s'abftiendroit de fe préfenter devant lui, qu'il ne mettroit pas les
pieds au Palais Royal, ni dans aucun
lieu où fa vûë pût bleffer Monfieur, mais
que n'ayant plus l'honneur d'être fon
domeftique, il ne croyoit pas qu'il vou-
lût lui commander d'autorité une chofe
dans laquelle il ne lui manquoit point de
refpect, quand il ne le faifoit pas. Le
même homme, d'ont j'ai oublié le nom,
qui rendit compte à Monfieur de la réfolution dans laquelle cet Evêque étoit
de ne pas obéïr, fut chargé de lui dire
en particulier que les Fils & les Freres
du Roy trouveroient moyen de fe faire
obéïr, & que Monfieur prendroit les
voyes les plus offençantes que fon honneur & fon dépit lui pourroient fournir
pour le faire repentir du peu de refpect
qui paroiffoit dans fon obftination. A
cela M. de Valence répondit encore très-
refpectueufement, que n'étant ni fujet

de Monsieur, ni son domestique, il le
supplioit de trouver bon qu'il s'exemptât
d'une loi dure à laquelle ses affaires &
son caractére d'Evêque ne pouvoient se
soûmetre; & comme celui qui lui parloit de la part de Monsieur, le pressa, &
lui fit entendre que Monsieur prendroit
des voyes violentes: Dites à Monsieur,
lui dit-il, que je suis Prêtre & Evêque,
& qu'en rendant à Monsieur tout ce que
le respect le plus profond peut exiger de
moi, ne parlant jamais de lui, & ne me
trouvant jamais où il sera, il est trop juste pour me faire assassiner; & qu'à l'é-
gard des autres violences, je porte à
mon col par la Croix que j'ai une sauve-
garde pour laquelle il aura toûjours lui-
même de la consideration. Madame à
qui Madame de Saint Chaumont rendoit compte de tout ce procedé, n'étoit
pas trop fâchée de la mortification de
Monsieur, qui de son côté ne vouloit
pas rendre public le peu de succès qu'a-
voit eu le dessein de faire sortir de Paris
M. de Valence. Enfin, le même homme
que Monsieur avoit chargé de le mena-
cer, le vint trouver de sa part; & après
une repétition à peu près des mêmes choses, il lui dit qu'il lui conseilloit comme

son ami de se retirer dans son Diocese :
& que s'il ne le faisoit pas de bonne grace, & pour plaire à Monsieur, Monsieur étoit resolu de demander au Roy
une Lettre de Cachet pour l'éxiler. Je
n'ai point d'emplâtre à ce malheur, répondit l'Evêque de Valence, j'obéïrai
quand cela sera, parce que je ne pour-
rai faire mieux ; mais puisque Monsieur
me pousse à bout, je vous supplie de lui
dire de ma part, qu'il obtiendra plûtôt
une Lettre de Cachet qu'un Gouvernement.

L'imprudence de ce discours relatif à
ce qui s'étoit passé du tems que Monsieur demanda le Gouvernement de Languedoc, fit que Monsieur le redit au
Roi, qui sçût très-mauvais gré à M. de
Valence de cette étrange imprudence,
dans lequel le secret du Roi, c'est-à-dire, ce qu'il avoit uniquement dit à M.
de Valence se trouvoit revelé ; de sorte
que M. de Valence fut exilé, & partit
pour son Diocese, laissant Madame,
qui avoit une entiére confiance en lui,
très - fâchée de se voir privée de l'en-
tretien d'un homme dans lequel elle
avoit toûjours trouvé des ressources
de fidelité, de consolation, de servi-

ce & d'attachement à ſes interêts.

La Paix qui s'étoit faite après la glorieuſe campagne de l'Iſle, n'avoit été pour ainſi dire qu'un eſſai de ce que la grandeur du Roy lui promettoit. La Hollande n'avoit pas eu une conduite dont la France pût être contente, elle avoit obligé le Roy de faire la Paix, & avoit perſonnellement offenſé Sa Majeſté dans ſes relations, dans ſes lardons & dans ſes gazettes. M. de Fuſtemberg, qui gouvernoit l'Electeur, & l'Electorat de Cologne, répondoit que cet Electorat & l'Evêché de Liege demeureroient dans la ſituation que le Roi pouvoit déſirer, pour en tirer les ſecours néceſſaires à la guerre qu'il déliberoit de porter en Hollande. Les forces d'Eſpagne étoient dans un annéantiſſement qui ne pouvoit tout au plus faire qu'une diverſion très-médiocre. Ce qui s'étoit paſſé à la campagne de l'Iſle faiſoit craindre aux Païs-bas de revoir une guerre qui eût achevé de ruïner la Flandre, il s'agiſſoit de faire en ſorte que l'Angleterre demeurât neutre, ou ſe déclarât pour la France. Charles II. Roy d'Angleterre, n'étoit pas ſi abſolument maître de ſon Parlement, que quelque inclination qu'il eût pour la France, & quelque amitié qu'il eût pour le Roy, il fût en pouvoir de promettre ni de faire ce qu'il eût voulu pour favoriser ses desseins. Il étoit pourtant absolument nécessaire de s'assurer de celui sans lequel les projets sur la Hollande n'eussent pû réüssir. Le Roy crut que Madame pourroit lui garder le secret de cette importante affaire, & qu'elle le serviroit dans ce dessein auprès du Roy son frere, qui l'aimoit tendrement. M. de Louvois étoit trop necessaire pour que l'on pût se passer de lui, de ses vûës, de ses avis & de ses lumiéres; mais avec toutes les qualitez désirables dans un Ministre actif & vigilant, plein d'expédiens & tel que tout le monde l'a vû depuis, il avoit dans ce tems-là le malheur de porter dans toutes ses actions un air de dureté & de décision, dont Madame n'avoit pu s'accommoder. Cependant quel moyen y avoit-il de lui cacher une chose dans laquelle il étoit absolument necessaire. Le Roi trouva tant d'éloignement dans l'esprit de Madame pour M. de Louvois, qu'il lui promit qu'il n'entreroit pas dans la conduite de cette affaire que lorsqu'il seroit absolument impossible de se

passer de lui ; & parce que le Roi &
Madame ne pourroient pas tout seuls
dresser les projets, faire les mémoires &
les instructions necessaires à régler la
mécanique , & le détail de tout ce qu'il
faut pour un aussi grand dessein que celui dont il étoit question, Madame proposa de se servir de M. de Turenne,
afin d'en exclurre M. de Louvois. Le
Roy le voulut bien , mais la verité est
que le Roi fit confidence de tout à M.
de Louvois , avec lequel Sa Majesté ré-
gloit toutes choses , & ensuite sur ses
mémoires dont le Roy écrivoit la meilleure partie de sa main, Madame se trouvoit informé de tout ce qu'elle devoit
faire auprès du Roi son Frere.

On ne peut point dire la joye que Madame avoit de se trouver ainsi le premier
mobile de la plus grande affaire de l'Europe , & l'on ne peut assez loüer la rete-
nuë & la modestie de M. de Louvois,
qui ne parut jamais instruit de ce qui se
passoit. La premiére convention entre le
Roy, Madame & M. de Turenne , ce
fut que Monsieur ne sçauroit rien de ce
projet & que lors qu'on ne pourroit plus
cacher le voyage de Madame, on le pré-
texteroit quelques semaines avant son

départ, de la priére que le Roi d'Angleterre feroit à Madame de ne lui pas refuser la joye de l'embraſſer quand la Cour feroit prête d'arriver à Dunkerque ou à Calais.

Il y avoit déja quelques années que M. de Valence vivoit dans ſon éxil, & payoit cherement l'imprudence qu'il avoit eu d'avoir parlé mal-à-propos. Madame avoit eu ſoin de l'informer avant ſon départ, que le Roi luy avoit dit qu'il ne ſe feroit point mêlé des petites choſes qui s'étoient paſſées à ſa ſortie de la maiſon de Monſieur, s'il s'étoit abſtenu de raconter ce que Sa Majeſté lui avoit dit à l'occaſion du Gouvernement de Languedoc ; de forte qu'elle entretenoit un commerce de lettres avec lui, qui étoit la ſuite d'une veritable confiance. Elle eût été fort ſoulagée de pouvoir lui parler du deſſein d'Angleterre ; & comme il y avoit dans ce tems-là quelque eſpoir d'y rétablir la Religion Catholique, cette Princeſſe ſe mit en tête qu'il n'étoit pas impoſſible que M. de Valence la ſuivit en ce païs-là, ou qu'il s'y trouvât *incognito*, dans le tems qu'elle y feroit, pour s'aider ſecrettement de lui. Elle n'oſoit parler de ce deſſein au

Roy ; mais elle dit à Madame de Saint Chaumont que pour la plus importante affaire de sa vie, elle eût bien voulu lui parler & causer seulement une heure avec lui. Madame de Saint Chaumont l'en informa, & Madame lui manda précisément qu'elle vouloit lui parler. M. de Valence s'en excusa sur l'impossibilité de désobéïr au Roi qui l'avoit exilé dans son Diocese, d'où il ne pourroit s'absenter sans que l'on s'en aperçût. Enfin après bien des lettres, des repliques, & des Couriers envoyez & repartis, on convint que M. de Valence prendroit la liberté d'écrire au Roy, pour le supplier de lui permettre de faire un voyage en Limosin, pour les affaires de sa famille ; & que dans l'intervalle qu'il faut pour aller de Valence en Limosin, il prendroit le tems de se rendre secrettement à Paris. Cette permission d'aller en Limosin fut acordée, & M. de Valence se préparoit sourdement à ce voyage, quand la Reine d'Angleterre, mere de Madame, qui s'étoit retirée depuis long-tems à Colombe, mourut.

On ne peut pas assez dire la répugnance que M. de Valence avoit pour ce voyage, ny combien il représenta à

Madame, & à Madame de Saint Chaumont par ses lettres, les risques infinis
qu'il couroit en allant à Paris. Il recu-
loit tant qu'il pouvoit de partir, quand
un courrier de la part de Madame lui
apporta une lettre que j'ay vûë, elle
commençoit par ces mots : *Vous ne m'ai-*
mez donc plus, mon pauvre Evêque,
puisque vous me refusez une consolation
dont je ne puis me passer : & dans le reste de cette lettre, Madame mandoit que
l'on feroit à S. Denis le trentain de la
Reine sa mere, c'est-à-dire, un service solemnel un tel jour qu'elle lui mar-
quoit ; que cette cérémonie à laquelle
elle assistoit feroit très-longue ; que pendant le Service elle feindroit de se trouver mal à l'Eglise ; qu'elle ordonneroit
qu'on la portât chez un Officier de sa
bouche, lequel avoit une maison à S.
Denis, dans laquelle, de concert avec
cet Officier, M. de Valence seroit caché dès le jour d'auparavant. Cette Princesse finissoit sa lettre par les termes du
monde les plus pressans, pour obliger
M. de Valence à ne la pas refuser, &
ajoûta que c'étoit pour prendre ses conseils & les suivre dans la plus grande
& la plus importante affaire de sa vie.

Quel moyen y avoit-il de ne pas vouloir ce que la plus gracieuse & la plus
respectable Princesse ordonnoit? M. de
Valence manda qu'il suivroit le projet
de Madame : il passa le Rhône à Valence, prit le chemin du Puy, & dit
publiquement qu'il avoit eu permission
du Roi d'aller en Limosin. Il étoit suivi de la Mack son neveu, qui depuis a
été tué Aide de Camp de M. de Turenne, de Fonton son Maître d'Hôtel, qui
depuis le fut de Madame la Dauphine, de son Valet de Chambre & de
son Cocher, qui servit de Palfrenier ;
de sorte qu'ils n'étoient que cinq. Cette Calvacade n'eut pas si-tôt gagné les
Montagnes d'Auvergne, que M. de Valence ayant mis sa Croix dans sa poche,
& pris une perruque noire, tant soit peu
plus longue que celle d'un Abbé bien
régulier, prit tout d'un coup sur la
droite, à grandes journées ; & sur les
mêmes chevaux se rendit à Gien, par
des Païs tout-à-fait détournez, avec
dessein d'y laisser son Cocher & ses Chevaux ; & marchant la nuit en poste, de
se rendre à Paris sans être vû de personne. Ce projet étoit possible, & le
jour marqué pour le Service de la Rei-

ne d'Angleterre à S. Denis, étoit celui sur lequel il faloit faire cadrer les circonstances de ce voyage. L'Evêque de Valence s'étoit trouvé mal dès le Puy, les grandes journées qu'il étoit obligé de faire, l'inquietude inséparable d'une telle entreprise, les mauvais Païs, les mauvaises nuits, tout cela fit qu'il eut un gros accès de fiévre, deux jours avant que d'arriver à Gien. Il lui continua le lendemain; & lors qu'il arriva à Gien, il en eut un si terrible, qu'il y falut séjourner & faire des remedes qui ne firent qu'augmenter son mal. La Mack sçavoit quelque chose du sujet de son voyage. Gien est un trop grand passage pour y pouvoir rester long-tems dans une Hôtellerie sans y être découvert. La Mack proposa à son Oncle de gagner Paris à quelque prix que ce fut : *Vous y serez,* lui dit-il, *plus caché & plus près des remedes, il n'y a ici ni bon Médecin, ni secours, ni commoditez necessaires. Il faut faire un effort malgré la Fiévre, vous approcher des Médecins & de vos affaires.* Cette étrange maladie si mal-à-propos venuë, la crainte d'être découvert, la necessité de ne se fier à personne, l'embaras de se cacher; tout

cela, & mille autres inquiétudes aug-
mentoient le mal de l'Evêque, qui consentit que son Neveu prit à l'instant la
poste, pour retenir dans quelque Faux-
bourg de Paris une chambre à l'écart
où l'on auroit soin de luy ; de sorte que
le lendemain l'Evêque de Valence fit
de necessité vertu, & la mort entre les
dents arriva de Gien à Paris. Il fut conduit par les soins de la Mack, qui revint au devant de son Oncle, chez un
Tireur d'or, au cinquiéme étage d'une
maison, dans une petite ruë qui abou-
tit dans la ruë S. Denis. La Mack donna avis de son arrivée & de son état à
Madame de S. Chaumont, qui en avertit Madame. Il y avoit deux jours qu'il
étoit entre les mains d'un Apoticaire de
réputation du quartier de saint Denis,
qui fit venir un Médecin de ses amis
pour le voir, sans que l'on dît à l'un
ny à l'autre que le malade fût Evêque. Les remedes qu'ils ordonnerent
apporterent si peu de soulagement,
que l'on appella le Curé de la Pa-
roisse, qui le confessa ; cependant comme sur les quatre heures du même
jour il parut quelque adoucissement à
l'extrémité de son mal, l'on remit

au lendemain à lui donner le Viatique.

Dans l'inftant de ce premier foula-gement, M. de Valence fe fit jetter fur un petit lit de repos, fur lequel fon Valet de Chambre couchoit ordinaire-ment ; & tandis que l'on racommodoit un peu fon lit, fe fit apporter le Porte-feüille dans lequel étoient quelques pa-piers qu'il fit brûler devant lui, & re-mit les autres dans ce même Porte-feüil-le qu'il plaça entre les deux matelats de ce lit de repos ; ayant recommandé à la Mack, qu'en cas de mort, il eût foin de les remettre à Madame de Saint Chaumont. La nuit fuivante il fut fi mal que le Curé qui l'avoit confeffé, la paffa auprès de lui, mais il fe porta mieux le lendemain ; de forte que le Curé s'en étant retourné pour fe repo-fer, & la Mack & Fanton en étant allé faire autant, M. de Valence refté feul avec fon Valet de Chambre, il ne fut pas peu furpris de voir entrer M. le Grain avec cinq ou fix Archers. Le Grain étoit honnête homme, humain, qui ne faifoit que le mal dont fes ordres & fon emploi ne pouvoient pas l'exempter : Monfieur, lui dit-il, Je vous arrête de la part du Roy, vous êtes un coquin de faux monnoyeur , que nous cherchons depuis long-tems, levez-vous & ne vous faites point faire de violence , car si vous en faites je vous ferai garotter ; moy , repliqua M. de Valence , moy faux monnoyeur ; vous vous méprenez , prenez bien garde à ce que vous allez faire ? N'êtes-vous pas arrivé un tel jour céans ? reprit M. le Grain. N'avez-vous pas couché la veille dans un tel endroit? N'êtiez-vous pas vêtu d'une tel sorte , & n'aviez-vous pas tant de gens avec vous ? Oüi, Monsieur, répondit M. l'Evêque de Valence , mais je ne suis point faux monnoyeur ; & une marque de ce-la , c'est que j'ai dans ma cassette six mille pistolles , je vais vous en remet-tre la clef , & s'il y en a de fausses , je me soûmets à tout ce qu'il vous plaira. Pendant ce tems-là les Archers s'étoient saisis de son Valet de Chambre. La pei-ne extrême peut faire dans l'esprit d'un malade , ce que l'Emetique fait dans son corps , l'Evêque de Valence fit un effort pour se lever , & remua le che-vet de son lit sous lequel il avoit mis sa Croix d'Evêque : Voici, dit-il à M. le Grain , ce qui va décider qui je suis , mais faites-moy le plaisir de faire reti-

rer

rer ces Meſſieurs , & je vous avoüerai
tout. En effet , M. de Valence lui dit
qui il étoit ; qu'étant exilé il avoit cru
ne pas faire un crime de venir à Paris ,
pour des affaires qui ne regardoient ny
le Roy ny la Juſtice ; qu'il avoit eu le
malheur de tomber dans l'extrémité du
mal qui l'accabloit , qu'il falloit que
l'on ſe fût mépris , ſi c'étoit un faux
monnoyeur qu'il cherchoit ; & qu'il le
prioit de lui ſauver l'honneur & la vie ;
l'honneur en ne faiſant point éclater ce
qu'il lui confioit à titre de confeſſion ,
& la vie en lui laiſſant prendre ſes remedes en liberté. J'ay déja dit que M.
le Grain étoit honnête homme , & le
vray caractere de la verité ſe fait toûjours ſentir.

Ce que M. de Valence diſoit étoit
trop vrai pour qu'il en pût douter , mais
ſon ordre portoit d'arrêter un homme
fait d'une telle & telle maniere , venu à
une telle heure , un tel jour , & faux
monnoyeur. Enfin comme le Grain eſſayoit d'ajuſter toutes ces circonſtances
avec ſes ordres , l'Apoticaire arriva , qui
portoit un Lavement. M. de Valence
ne le vit pas plûtôt qu'avec une preſen-
ce d'eſprit ſurprenante : Monſieur , dit-

il , en s'adreſſant à M. le Grain , je vous
ai dit qui j'étois , le remede qui m'eſt
ordonné me ſauvera peut-être la vie, ne
me permettez-vous pas de le prendre ?
M. le Grain le lui permit, & fit relâcher
ſon valet , que ſes Archers tenoient :
de ſorte qu'à l'aide de ſon Valet & de
ſon Apoticaire , il ſe fit porter ſur le petit lit de repos, & y reçût ſon lavement,
ayant prié M. le Grain de tourner la tête , parce que , diſoit-il , il n'eſt pas
ſéant qu'un Prêtre reçoive un remede
devant tout le monde. M. le Grain ſe tenoit à la porte , le dos tourné , pour lui
laiſſer la liberté de recevoir ſon remede
qu'il ne garda qu'un moment ; & dés
qu'il vit que M. le Grain ſe rapprocha
de ſon lit ; je ne vous échaperai pas ,
Monſieur, lui cria-t-il; Au nom de Dieu,
tournez le dos , que je rende ce remede,
que je ne puis plus garder ; il le rendit
en effet , moitié ſur le lit & moitié dans
un baſſin, que ſon valet lui préſenta di-
ligemment ; & comme il ſe plaignoit ,
& qu'il vit que M. le Grain avoit effectivement le dos tourné pour éviter l'ordu-
re de ce ſpectacle , il ſe tourmenta tant
ſur le lit, qu'il attrapa ſon porte-feüille,
dont il jetta les papiers avec le reſte de

son lavement dans le baſſin, qu'il ordonna tout bas à ſon valet d'aller vuider
dans le privé de la maiſon. M. de Valence m'a dit que juſques-là il avoit crû
qu'il ne reviendroit pas de ſa maladie ;
mais que dès qu'il ſçût ſes papiers en
ſûreté, il ſentit que ſa ſanté reviendroit.
En effet, ſon valet paſſa ce baſſin auprès
de M. le Grain, & au milieu de tous
ſes Archers, dont chacun tournoit le
dos, & ſe bouchoit le nez, & revint
aider à remettre ſon Maître au lit, l'aſ-
ſurant tout bas qu'il s'étoit défait de
ſes papiers, après quoy il fallut recommencer à parlementer avec M. le
Grain, qui ne pouvoit comprendre
comment il avoit arrêté un Evêque,
en croyant arrêter un faux monnoyeur.
Le dénoûment de tout ceci, fut que
Monſieur de Valence écrivit au Roy ;
& que juſqu'à ce que Monſieur le Grain
eût réponſe de Monſieur de Louvois,
auquel il adreſſa une lettre en lui rendant compte de tout ce qui s'étoit
paſſé, il demeureroit avec lui ſans le
tourmenter, & que ſes Archers ſe tien-
droient dans cette maiſon. La Mack &
Fanton revinrent qui confirmerent encore à M. le Grain que celui qu'il avoit

cru faux monnoyeur, étoit l'Evêque de Valence, & la Mack alla avertir Madame de Saint Chaumont de cet étrange accident, & que les papiers étoient fauvez.

Je ne sçai d'où M. de Louvois en vouloit à M. l'Evêque de Valence, ny si ce fut Sa Majesté qui le voulut mortifier ; mais pour toute réponse, M. le Grain reçût un billet de M. de Louvois, dans lequel il lui mandoit que l'homme qui se disoit M. l'Evêque de Valence, étoit un faux monnoyeur, & qu'il eût sans réplique à le traiter de même & à le conduire au Châtelet, sans qu'une autrefois il luy arrivât de suspendre ce qui luy étoit commandé.

M. le Grain connut alors que la Cour vouloit bien être trompée, & M. de Valence eut beau parler, representer, crier, & se défendre sur l'état auquel il étoit ; il falut se lever, s'habiller, & se laisser conduire au Châtelet, où il fut écroüé comme faux monnoyeur, sa cassette fut saisie, il fut foüillé par tout ; & le Grain fit inventaire de tout ce qu'il trouva dans ses habits & dans ses cassettes.

Un Evêque au Châtelet n'est pas une chose bien ordinaire, mais quand on y est , les plus sages sont ceux qui approchent le moins d'en sortir. M. de Valence écrivit à Messieurs les Agens du Clergé qui le vinrent trouver , il les chargea d'une seconde lettre pour le Roi , auquel ces Messieurs rendirent compte , que M. de Valence étoit au Châtelet: Au Châtelet , dit le Roi , cela est impossible , car il est dans son Diocese , ou en Limosin ; Messieurs les Agens lui assurerent qu'ils l'avoient vû & lui rendirent sa lettre. Alors le Roy fit à ces Messieurs les Agens une espece d'excuse de cette méprise , & leur ordonna d'assurer le Clergé à la première occasion, qu'il avoit été surpris de sçavoir qu'un Evêque éxilé fût venu à Paris , sans ordre ; mais qu'il n'en avoit donné aucun pour arrêter celui-là , qu'on n'avoit point connu tel, & que son intention n'avoit jamais été de nuire aux libertez dudit Clergé ; de sorte que le lendemain on expédia une seconde lettre de cachet, pour changer le lieu de l'éxil de M. de Valence ; & pour réparer en quelque maniere , la honte de tout ce qui s'étoit passé , le Roy ordonna à la Fond , Gentilhomme ordinaire , de conduire cet Evêque à l'Isle en Jourdain , honneur qui jusqu'alors n'avoit été acordé à aucun Evêque , de donner un Gentilhomme ordinaire pour l'accompagner. La caſſette & l'argent furent remis à M. de Valence , qui partit en litiére , & dont la ſanté avoit commencé à ſe rétablir depuis l'induſtrieuſe conſervation de ſes papiers. Monſieur fit un grand bruit de cet évenement, & Madame de Saint Chaumont fut éxilée.

Cependant tout ce qui ſe préparoit ſourdement pour le voyage de Madame s'achevoit. Elle fut au déſeſpoir de cet accident de M. de Valance qu'elle ne vit point. Le Roi, fit ſuivant ſon projet , un voyage en Flandres avec toute la Cour. M. de Lauſun commandoit toute l'eſcorte du Roi , compoſée de ſa Maiſon & de ſa Gendarmerie , & de ſes Mouſquetaires ; l'idée de la magnificence ne peut pas aller plus loin que ce qu'on a vû dans ce voyage. Les Troupes étoient ſuperbement vêtuës , la Cour n'a jamais paru plus brillante , le Roi jettoit à pleines mains l'or qu'il répandoit abondamment dans les Villes de ſes nouvelles conquêtes , & ajoûtoit , à la qualité de toutes ces choſes qu'il donnoit, les charmes de la maniére avec laquelle il parloit & agiſſoit. Le voyage finit par la vi-

fite des Places de la mer , & Madame
devoit s'embarquer au port le plus com-
mode. Jamais fecret n'a paru mieux gardé que celui qui devoit conduire Madame en Angleterre.

Quelques femaines avant le départ de
Madame , le fecret en fut revelé à Monfieur, lequel en parla au Roi comme un
homme inftruit. Sa Majefté fit des re-
proches à Madame de n'avoir pû garder
le fecret. Madame affuroit avec des fer-
mens & des circonftances , dont on ne
pouvoit pas douter , qu'elle n'en avoit
jamais rien revelé. Le Roi eft impéné-
trable , & fçavoit bien que qui que ce
foit en France ne pouvoit être informé
de fes deffeins , hormis M. de Louvois ,
dont il n'avoit ofé parler à Madame , &
M. de Turenne. Quel moyen y avoit-il
de foupçonner M. de Turenne ? Cependant , fi ce n'étoit ni le Roi ni Madame,
il faloit que ce fût l'un des deux qui en
eût parlé Le Roi prit feul le bon parti
qu'il y avoit pour approfondir cet em-
barras, & découvrit à Monfieur ce qu'il
ne pouvoit plus cacher : il lui dit , fans
approfondir fon grand projet fur la Hollande, que depuis quelque tems il avoit
jetté les yeux fur Madame pour l'enga-

ger de passer en Angleterre , & cimen-
ter , sur les instructions qu'il luy préparoit , une union des Couronnes entre le
Roy d'Angleterre & luy , pour l'agran-
dissement du commerce ; qu'il avoit expressément défendu à Madame d'en parler à qui que ce soit. Enfin, le Roy tour-
na M. son Frere de tant de manieres ,
qu'il découvrit que cet avis du voyage
de Madame en Angleterre lui étoit venu
par le Chevalier de Lorraine. Mais par
où le Chevalier de Lorraine , qui n'étoit
pas à la Cour , en étoit-il informé ? Le
Roy envoya chercher M. de Turenne :
Parlez-moi comme à vôtre Confesseur ,
lui dit le Roi, avez-vous dit à quelqu'un
ce que je vous ai confié de mes desseins
sur la Hollande, & sur le voyage de Madame en Angleterre ? En verité si le cœur
de ce grand homme fut jamais combat-
tu entre la verité & la honte d'avoüer sa
foiblesse , ce fut dans cette occasion ; cependant la verité l'emporta , & ce fut
un des grands combats & des plus em-
barrassans , où ce grand Capitaine se
soit trouvé. Comment , Sire , repliqua
M. de Turenne en bégayant , quelqu'un
sçait-il le secret de Votre Majesté ? Il n'est
pas question de cela , reprit le Roy pres-
samment ;

famment ; en avez-vous dit quelque chofe ? Je n'ai point parlé de vos def-feins fur la Hollande certainement, ré-pondit M. de Turenne ; mais je vais tout dire à Votre Majefté. J'avois peur que Madame de Coatquen, qui vouloit faire le voyage de la Cour, n'en fût pas ; & pour qu'elle prit fes mefures de bonne heure, je lui en dis quelque chofe, & que Madame pafferoit en Angleterre pour voir le Roi fon Frere ; mais je n'ai dit que cela, & j'en demande pardon à Votre Majefté, à qui je l'avouë. Le Roi fe prit à rire, & lui dit : Monfieur, vous aimez donc Madame de Coatquen? Non pas, Sire, tout à fait, reprit M. de Tu-renne ; mais elle eft fort de mes amies : oh bien ! dit le Roi, ce qui eft fait eft fait, mais ne lui en dites pas davantage, car fi vous l'aimez, je fuis fâché de vous dire qu'elle aime le Chevalier de Lor-raine, auquel elle redit tout, & le Che-valier de Lorraine en rend compte à mon Frere.

Quelques jours après, Madame paffa en Angleterre. Le tems qu'elle y refta furent autant de jours de triomphe. Cet-te charmante Princeffe enchantoit tous ceux fur lefquels elle vouloit laiffer tomber ses yeux ; elle réüssit auprès du Roi son Frere dans la meilleure partie des choses dont le Roi l'avoit chargée , & repassa en France , où peu de tems après son retour elle mourut à S. Cloud , si subitement , qu'il courut mille bruits differens de sa mort , dont pas un, peut-être , n'a de fondement que le meilleur de l'humanité.

A l'égard de M. de Valence , il resta quatorze ans éxilé au Jourdain , & revint enfin dans son Diocese , d'où quelques annés après son retour , ayant eû l'honneur de saluer le Roy , & de revoir Monsieur , qui le reçûrent tous deux avec mille témoignages d'amitié , il fut transferé de l'Evêché de Valence à l'Archevêché d'Aix. C'est un homme d'une vivacité surprenante , d'une éloquence qui ne laisse pas la liberté de douter de ses paroles , bien qu'à la quantité qu'il en dit , il ne soit pas possible qu'elles soient toutes vrayes. Il est d'une conversation charmante , d'une inquiétude qui fait plaisir à ceux qui ne font que l'observer , & qui n'ont point affaire à luy ; je me souviens que dans une conversation où je me trouvai , en allant en Italie , entre le Cardinal le Camus & luy ,

le Cardinal lui dit : que le Pape lui avoit
ordonné de mettre un peu de vin dans
son eau , parce que l'eau pure lui gâtoit
l'estomach ; Monseigneur , reprit l'Evêque de Valence , il devoit bien plûtôt
vous ordonner de mettre de l'eau dans
votre vin ; & sur ce que dans la même
conférence qui se tint à Vienne , M. de
Grenoble lui dit d'un ton Apostolique ,
sur quelque chose qui regardoit la conduite de leurs Dioceses , qu'il n'étoit pas
venu là pour le gâter ; ny moy , Monseigneur , reprit M. de Valence , pour
vous canoniser. Un jour qu'il vint à
Grenoble , voir Madame de la Baume ,
elle lui dit , en parlant d'elle-même, que
quand une femme approche de sa cin-
quantaine , elle ne doit songer qu'à la
santé , dites, Madame, reprit M. de Valence , quand elle s'en éloigne. C'est
grand dommage que Montreuil qu'il
avoit auprès de lui , n'ait pas ramassé
toutes les choses vives & singulieres ,
dont sa conversation ordinaire & toute sa
vie ont été remplies. Pour moi j'en ai dit
tout ce que j'en ai pû apprendre par une
longue & étroite familiarité. Je vais écrire à présent une suite d'Avantures qui ne

seront peut-être pas moins interessantes. On y verra par quel enchaînement de circonstances bizarres, le Marquis d'Arquien, Pere de la Reine de Pologne, n'a jamais pû parvenir à être Duc.

Fin du septiéme Livre.

MEMOIRES
POUR SERVIR
A L'HISTOIRE
DE LOUIS XIV.

LIVRE HUITIE'ME.

DANS tout le cours de la fortune de Jean Sobieſki, même avant qu'il fût Grand Maréchal de Pologne, il avoit entretenu de grandes liaiſons avec la France, & il avoit eu part aux propoſitions de l'Election, que ce Royaume avoit faites en faveur de Monſieur de Longueville.

Le Roy s'étoit engagé d'aſſiſter ce Grand Maréchal dans tous les moyens poſſible pour le faire Roy lui-même ; &

l'engager, supposé qu'il ne pût pas y parvenir, de donner ses suffrages & son party à l'Election que la France protegeroit; & que supposé que la profession publique qu'il faisoit d'être à la tête du parti que la France soûtenoit, lui fît des affaires dans son Païs, qui l'obligeassent d'en sortir, n'ayant pû se faire Roy luy-même, ou mettre la Couronne sur la tête de celui que la France protegeroit; supposé, dis-je, que par l'échoüement de ces deux partis, il fût obligé de sortir de Pologne, après l'Election d'un autre, le Roy de France luy avoit promis, non seulement des établissemens considerables en France : mais s'étoit obligé de le faire Duc, s'il prenoit le party de mener une vie tranquille, & de le faire Maréchal de France, s'il vouloit continuer en France le métier de la Guerre, auquel il avoit si bien réüssi dans les Guerres de Pologne. De sorte qu'il étoit naturel qu'étant devenu Roy, & la Reine sa Femme, souhaitant passionnément l'élevation de son Pere en France, Sa Majesté Polonoise tournât du côté du Marquis d'Arquien son beau-Pere, l'élevation dont il n'avoit plus besoin depuis qu'il étoit monté sur le Trône,

Ce Prince en écrivit au Roy, qui luy répondit gracieusement qu'il seroit très-aisé de trouver l'occasion de lui marquer dans le Pere de la Reine, la consideration qu'il avoit toûjours euë pour lui; que très-volontiers il feroit le Marquis d'Arquien Duc ; mais que pour cela il faloit préalablement qu'il se mît en état de recevoir cette grace par l'acquisition d'une Terre qui pût soûtenir le titre de Duché, le Marquis n'en ayant présentement aucun dans sa Maison qui pût convenir à cette dignité. Le Marquis de Bethune partit pour être Ambassadeur auprès du Roy son beau Frere, il avoit eu connoissance de cette promesse, supposé que le Grand Maréchal eût été obligé de se retirer en France ; & sans prendre connoissance des vûës que le Roi de Pologne avoit pour le Marquis d'Arquien, il songeoit à rapprocher les moyens de tourner en sa faveur toutes les dispositions que l'on avoit eues de faire cette grace, comme je viens de dire, au Roy de Pologne.

M. de Seignelay étoit intime ami du Marquis de Bethune. C'étoit lui & M. de Colbert ausquels il avoit fait part de ce projet, qui avoient promis d'en mé-

nager les conjonctures. La réponse que
le Roy avoit faite au Roy de Pologne
sur le Marquis d'Arquien, étoit inconnuë au Marquis de Bethune, & connuë
de Monsieur Colbert. Le Roi même eût
eu plus d'inclination d'élever le dernier
que le Marquis d'Arquien, qui étoit domestique de Monsieur.... De plus, cette
Terre pour donner un titre en faveur du
dernier ne s'achetoit point. Je ne sçai si
pour favoriser les interêts du Marquis
de Bethune, M. Colbert lui-même,
ne traversoit point cet objet ; & le Roy
enfin fixé à ne pas faire deux Ducs à la
sollicitation du Roi de Pologne, étoit
résolu de faire celui des deux que Sa Majesté Polonoise lui demanderoit ; & jusques-là, le Roi de Pologne ignoroit totalement les desseins du Marquis de Bethune son beau Frere, & songeoit véritablement à faire acheter une terre au Pere de la Reine.

Il arriva en ce tems-là à Varsovie un
Carme François, qui fit demander au
Roi la permission de lui parler en particulier. Après quelque difficulté pour
obtenir son audiance, qu'il eut enfin,
ayant fait dire qu'il s'agissoit d'une affaire particuliére, dont il importoit in-

finement à Sa Majesté Polonoise d'être informée, ce Pere remit au Roi une Lettre dont le sens portoit : que celuy qui avoit l'honneur d'écrire à Sa Majesté, n'ayant pas celui d'être connu d'elle, se trouvoit obligé, aux dépens de la réputation de sa Mere, de faire souvenir Sa Majesté, qu'étant en France au sortir de l'Académie, il avoit eu commerce avec une belle femme, qui parce qu'elle étoit mariée avoit fait paroître comme de son Mari, un Fils qu'elle avoit eu l'honneur d'avoir de Sa Majesté ; que ce Fils avoit eu des biens de ce prétendu Pere, la seule fortune d'achetter la charge de Sécretaire des Commandemens de la Reine de France ; que puisque la fortune & le mérite du Roi avoient mis le Pere sur le Trône; celui qui avoit l'honneur de se trouver & de s'avoüer son Fils, avoit lieu d'esperer quelqu'élevation : qu'au surplus il avoit l'avantage d'être protegé & consideré de la Reine, à laquelle il avoit fait confidence, non-seulement de ce qu'il étoit, mais de la priére qu'il faisoit à Sa Majesté Polonoise, & qu'en le reconnoissant pour son Fils, la Reine seroit fort contente de contribuër de son côté à la Priére qu'il lui faisoit de demander au Roy de le faire Duc & Pair.

Cette Lettre étoit signée Brisacier, Secretaire des Commandemens de la Reine Marie Therese, & portoit que le Carme auroit l'honneur d'entretenir Sa Majesté de quelques circonstances ausquelles il supplioit le Roy d'avoir attention ; & tout de suite le Carme lui remit deux Lettres, l'une de la Reine, dans les termes du monde les plus forts pour obliger S. M. Polonoise de demander au Roy, son Mary, la Grace de faire Brisacier Duc ; & l'autre étoit une Lettre de Change de cent mille écus payable à Dantzic, aux ordres du Roy de Pologne ; tout cela étoit accompagné d'un très-beau Portrait de la Reine de France, dont le cadre étoit orné de quantité de diamans ; & ce Portrait que le Carme luy remit étoit au moins de vingt ou vingt-cinq mille écus.

Le Roy surpris d'une avanture si nouvelle, ne se souvint ni de M. Brisacier, ny d'avoir crû avoir un Fils : mais comme dans le tems de ses premiers voyages en France, il avoit eu commerce avec plusieurs femmes de moyenne vertu , il étoit poſſible que tout ce que contenoit la lettre , ſignée BRISACIER , fût vrai. Le Roy commença par ſe ſaiſir du Portrait , envoya à Dantzic ſçavoir ſi la Lettre de Change , dont il prit copie , étoit de l'argent comptant ; & lors qu'il eut appris qu'effectivement rien n'étoit meilleur que ladite Lettre de Change , ce Prince fit réflexion qu'au bout du compte cent mille écus étoient toûjours auſſi bons à prendre que le Portrait qu'il avoit mis à part ; que la Lettre de la Reine de France étoit une choſe effective qui ne lui laiſſoit quaſi pas douter que Briſacier ne pût être ſon Fils ; & remit au Carme une lettre pour le Roy , qui contenoit partie de ce que contenoit celle de Briſacier , & le ſuplioit d'avoir égard qu'ayant un fils en France qu'il vouloit reconnoître , il conjuroit Sa Majeſté de vouloir l'honorer de ſes Graces , & de vouloir bien , à ſa priére , le faire Duc. Moyennant cette Lettre Sa Majeſté Polonoiſe eut l'induſtrie de tirer la Lettre de Change. Ce Prince aimoit l'argent , & ne perdit point de tems à envoyer à Danszic prendre les cent mille écus qu'elle portoit.

La surprise du Roy ne fut pas médiocre, quand il reçût la lettre du Roy de Pologne. Brisacier n'étoit ni d'une figure, ni n'avoit jamais été regardé que comme un sujet très-médiocre, que l'on trouvoit même honoré de l'Emploi de Secretaire des Commandemens de la Reine, qu'il exerçoit. Le Roy, qui sçavoit les prétentions du Bethune, & celles que le Roy de Pologne lui avoit témoignées pour son Beau-Pere, ne laissoit pas de trouver assez singulier, que de la même part, on lui demandât trois graces considérables de la même nature.

Sa Majesté tint le cas secret, vêcut avec Brisacier comme de coûtume, & écrivit au Marquis de Bethune de découvrir si effectivement le Roy de Pologne étoit persuadé que Brisacier fût son Fils.

Le Marquis prit le tems que le Roy étoit de bonne humeur à la chasse. Oserai-je, Sire, lui dit-il, demander à Votre Majesté ce que c'est qu'un nommé Brisacier, qui fait courre le bruit en France, qu'il a l'honneur d'être vôtre Fils ; & que vôtre Majesté, prête à le re-

connoître , a demandé au Roy mon
Maître , d'élever à la plus grande dignité de son Royaume.

Le Diable m'emporte, dit le Roy , si
je sçai ce que c'est que Monsieur ni
Madame Brisacier. Je n'étois pas chas-
te quand j'étois en France , y ayant de
bonnes & de mauvaises fortunes ; &
tout de suite le Roy lui conta ce que
contenoit la Lettre de Brisacier , les
éclaircissemens qu'il lui donnoit sur sa
naissance , la circonstance de la Lettre
de Change de cent mille écus , & celle
du Portrait de la Reine enrichi de diamans ; & que ce qui l'avoit le plus déterminé à croire que le dit Brisacier étoit
véritablement son Fils , c'étoit une Lettre de la Reine de France qui lui as-
suroit qu'elle le protegeoit , & paroissoit avoir une extrême considération
pour lui.

Le Marquis de Bethune lui dit tout
ce qu'il sçavoit des talens , & de la
figure du Sieur Brisacier , bien capable d'avoir fait une imposture qu'il étoit
nécessaire d'approfondir. Au retour de
la chasse , le Roy lui mit l'original de
la Lettre de la Reine de France , en lui
disant : Voyez, Monsieur , si je puis

moins faire pour un homme qui se dit mon Fils;& qui m'est recommandé aussi fortement par une Princesse, de la pieté, de la vertu, & du Rang de la Reine.

Le Marquis de Bethune envoya l'original de cette Lettre au Roy qui passa chez la Reine, & lui dit : Voyez, Madame, ce que c'est que cette Lettre. La Reine reconnut son seing, & lui dit, c'est mon écriture ; & à mesure qu'elle la lisoit, sa surprise augmentoit, & continua de dire qu'elle n'avoit jamais pensé à une telle impertinence ; qu'elle ne sçavoit ce que c'étoit, & qu'il falloit que Brisacier fut devenu fol ; qu'apparemment le fripon lui avoit fait signer cela, en lui présentant des lettres de complimens, que l'on signe d'ordinaire sans les voir, parce que ce ne sont que des lettres d'usage dont le stile est toûjours le même, & qui ne signifient rien : hé bien ! Madame, dit le Roy, prenez garde dorénavant à ce qu'on vous fait signer ; & j'exige de vous que vous ne direz rien du tout de cette avanture à ce fol de Brisacier. Peu de jours après le Roy le fit arrêter, & l'envoya à la

Baſtille ; on prit tous ſes papiers , & on l'interrogea.

Ce petit extravagant avoüa qu'il avoit imaginé toute cette belle hiſtoire. Il conta comme quoi il avoit engagé un Carme de ſa connoiſſance à porter la lettre qu'il avoit fait ſigner à la Reine, ſans qu'elle ſçût ce que c'étoit ; il noublia pas la circonſtance du Portrait, & de la Lettre de change de cent mille écus. Le Roy envoya les interrogations & les dépoſitions du tout à Sa Majeſté Polonoiſe , qui connut ſi bien la fauſſeté de l'engagement où l'on avoit voulu le mettre , qu'il fit des excuſés au Roy de ſa credulité.

Quand Briſacier eut fait quelque pénitence à la Baſtille , on le mit en liberté comme un fol , avec ordre de ſortir de France. Son premier ſoin fut de courir après la Lettre de Change de cent mille écus que le Roy de Pologne avoit touchée ; il ſe rendit à Varſovie pour eſſayer d'en raporter quelque choſe. Le Roy le reçut comme un fripon & comme un impoſteur. Cependant ſes créanciers firent tant de juſtes repréſentations à Sa Majeſté Polonoiſe , qu'il promit d'en payer quelques-uns.

Les Princes ont toûjours de la peine à rendre ce qu'ils ont touché. On donna cinq à six cens piſtoles à ce malheureux, qui paſſa en Moſcovie, où il mourut, dans le deſſein d'aller aux Indes chercher la fortune qu'il n'avoit pû faire en Europe ; & le Roy peu à peu, & dans tous les plus mauvais & les plus reculez effets qu'il pût avoir de tems en tems, & dans l'eſpace de quatre ans rendit aux créanciers la ſomme qu'il avoit touchée.

Le ridicule d'avoir demandé les plus grandes dignitez du Royaume pour un impoſteur, rallentit dans le Roy & la Reine l'empreſſement de demander la même grace pour le Pere de la Reine, qui s'étoit rendu en Pologne. L'affaire de Strick, la diſſipation des troupes qui devoient paſſer au ſervice d'Akeli, & les broüilleries qui obligerent de rappeller le Marquis de Bethune, lui firent abſolument perdre les vûës, dont il avoit fait confidence au Marquis de Seignelay. Les Cours de France & de Pologne ne vêcurent plus dans les mêmes liaiſons d'interêt ; & la Reine ne pût avoir dans tous ces contre-tems la ſatisfaction qu'elle avoit deſirée, de voir ſon Pere Duc. Quelques tems après l'on décora ſa Perſonne

sonne du Cordon bleu , & on lui procu-
ra de la part du Royaume de Pologne
un Chapeau de Cardinal , avec lequel il
est mort, dans une extrême vieillesse à
Rome , auprès de la Reine , sa Fille ,
qui s'y retira après la mort du Roy son
Mari ; & après avoir perdu l'esperance
de mettre aucun des Princes ses Fils sur
le Thrône de Pologne,

J'ai crû ce trait d'Histoire assez important pour en conserver la mémoire à
la Posterité ; mais me voici enfin à ce
que j'ay promis dès le commencement
de ces Mémoires à la Vie du Cardinal
de Boüillon.

Fin du VIII. Livre.

MEMOIRES
POUR SERVIR
A L'HISTOIRE
DE LOUIS XIV.

LIVRE NEUVIE'ME.

CINQ Conclaves où le Cardinal de Boüillon a fait voir sa capacité, deux éxils aſſez longs qu'il a ſoûtenus avec fermeté; les Evêchez de Lié-ge & de Straſbourg qu'il n'a manquez que par les intrigues de ſes ennemis ; le Cardinalat, la Charge de Grand Aumô-nier de France; l'Abbaye de Cluny , dont il a eu la principale obligation à ſon ha-bileté dans les affaires du monde ; les diſgraces de ſa fortune & ſes faveurs

me fourniront une belle matiere , pourvû que je fois inftruit de toutes ces particularitez ; & je me vante que perfonne fur la terre ne l'eft mieux que moi.
Je fuis ami du Cardinal depuis fon enfance ; je l'ai fuivi dans plufieurs de fes
voyages ; j'ai été fon Conclaviftes à l'E-
xaltation du Pape Innocent XI. j'ai fait
plufieurs Campagnes du Roy dans fon
Carroffe , & dans tous les temps il a eû
peu de chofes cachées pour moi.Feu M.
de Turenne étoit le meilleur ami de ma
mere , jufques-là qu'étant devenuë vieille , elle lui difoit , comment fe peut-il
faire,qu'ayant paffé notre vie enfemble ,
vous jeune , moi jolie , vous ne m'ayez
jamais dis pis que mon nom. Ainfi le
Cardinal & moi avons été accoûtumez
dès l'enfance à nous connoître , & fi je
l'ofe dire , à nous aimer. J'ai déja dit
qu'il commença à faire parler de lui par
une querelle qu'il eut au College avec
l'Abbé d'Harcourt qu'il foûtint vigou-
reufement. Le lendemain ma mere me
demanda fi j'avois été offrir mon Bre-
viaire , je lui dit que non , & que l'Abbé d'Harcourt étoit de mes amis : Comment , me dit-elle , le Neveu de M. de
Turenne ; courez vîte,ou fortez de chez

moi. C'étoit une maîtresse femme, qui faisoit ma fortune. J'y allai, & depuis ce jour-là j'ai toûjours été attaché à lui ; & jamais, ce qui est assez rare dans une amitié de plus de cinquante années, il n'y a eu le moindre froid entre nous. Je vais donc écrire des Mémoires que je commencerai dès sa plus tendre enfance, & je me garderai bien de lui en parler. Je m'instruirai à fonds dans nos conversations des choses que je ne sçai pas assez exactement ; il aime assez à parler de ce qui le regarde, quand il parle à un ami particulier, & cela est fort naturel ; & d'ailleurs je me veux réserver le droit de le blâmer quand il sera blâmable. Tous les hommes font des fautes, mais la plûpart n'aiment pas qu'on les avertisse ; & sur-tout les grands Seigneurs qui font accoûtumez aux louanges. Je l'aime tendrement, mais j'aime encore mieux la verité ; & tout mon attachement ne me fera jamais rien dire à son avantage qui ne soit vrai ; aussi je ne cacherai rien de ce qui peut le justifier sur les prétendus crimes qu'on lui a imputez ; & sans manquer au respect que je dois à ceux que Dieu a mis sur nos têtes, je dirai simplement les choses comme elles se font paffées. Je dirai de plus , que je n'ai pas été élevé dans une Bouteille ; ma mere , quoique femme d'un homme de Robe , avoit tous les jours toute la Cour chez elle. Nous logions dans une belle Maifon à la porte du Louvre; d'ailleurs , j'étois le dernier de mes freres & comme ma Mere m'a eû dans un âge affez avancé, je la faifois paroître encore jeune, ce qui faifoit fans doute qu'elle m'aimoit plus que mes freres. Elle envoya l'aîné , Confeiller à Touloufe , où nous avions beaucoup de parens. Le fecond , qu'on appelloit Balleroy , alloit à la guerre, où M. de Turenne , le Heros du fiécle , le faifoit valoir en toutes occafions ; & moi , j'étois avec elle. Tous les matins j'écrivois au chevet de fon lit toutes les lettres qu'elle écrivoit aux plus grandes Princeffes de l'Europe, avec qui elle avoit commerce ; & principalement à la Princeffe Marie , Reine de Pologne, fon amie particuliere , & toutes fes lettres parloient d'affaires fouvent très-importantes ; de forte que j'ai été formé de bonne heure aux intrigues de la Cour. Tout cela m'étoit fort avantageux , & devoit me former l'efprit; mais d'un autre côté , ma mere avoit tant de foibleffe

pour moi, qu'elle étoit continuellement
à m'ajuster. Elle m'avoit eu à 40. ans pas-
fez ; & comme elle vouloit abfolument
encore être belle, un enfant de huit à
neuf ans qu'elle menoit partout, la faifoit paroître encore jeune. On m'habil-
loit en fille toutes les fois que M. le Duc
d'Orleans venoit au logis, & il y venoit
au moins deux ou trois fois la femaine.
J'avois les oreilles percées, des diamants,
des mouches, & toutes les autres petites
affeteries, aufquelles on s'accoûtume
fort aifément, & dont on fe défait fort
difficilement. Monfieur qui aimoit auffi
tout cela, me faifoit toûjours cent amitiez, dès qu'il arrivoit, fuivi des Niéces
du Cardinal Mazarin, & de quelques
filles de la Reine. On le mettoit à fa toilette, on le coëffoit ; il avoit un corps
pour lui conferver fa taille, le corps
étoit en broderie. On lui ôtoit fon Jufte-
au-corps, pour lui mettre des manteaux
de femmes & des jupes, & tout cela fe
faifoit, dit-on, par l'ordre du Cardinal,
qui vouloit le rendre effeminé, de peur
qu'il ne fît de la peine au Roi, comme
Gafton avoit fait à Louis XIII. mais
la nature a été la plus forte en lui. Quand
il a fallu fe battre, il s'eft montré du fang

de France, il a gagné des Batailles, je l'ai vû pendant des Campagnes entieres quinze jours à cheval, en fuivant les ordres du Roi, expofant toute fa beauté à un foleil qui ne l'épargnoit pas. Quand Monfieur étoit habillé & paré, on joüoit à la petite Prifme, c'étoit le jeu à la mode, & fur les fept heures on aportoit la collation, mais il ne paroiffoit point de valets. J'allois à la porte de la chambre querir les plats, & les mettoit fur des guéridons autour de la table ; je donnois à boire, dont j'étois affez payé par quelque baifer au front, dont ces Dames m'honoroient. Madame de Brancas y amenoit fouvent fa Fille, qui a été depuis la Princeffe d'Harcourt. Elle m'aidoit à faire ce petit menage ; mais quoiqu'elle fût fort belle, les Filles de la Reine m'aimoient mieux qu'elle fans doute ; parce que malgré les cornettes & les jupes, el'es fentoient en moi quelque chofe de mafculin. J'oubliois à dire que Madame de Brancas & ma mere envoyoient joüer leurs enfans à cul nud fur un petit degré dérobé, perfuadées que cela les feroit gagner. J'ai crû devoir raporter ici toutes les bagatelles, enfin de fonder la créance de ceux qui liront ces

Mémoires, en leur apprenant que j'ai
passé ma vie avec des gens qui ont pû
m'instruire de tout. J'ajoûterai que dans
la suite je me suis ttouvé dans la familiarité de tous les Ministres, à l'exception
de M. de Louvois qui me haïssoit fort,
à cause qu'il me croyoit attaché au Cardinal de Boüillon. Je n'ai pourtant pas
eû grand commerce avec M. Colbert, je
n'aimois pas à aller chez lui, il sembloit
qu'il fut toûjours fâché ; mais je voyois
souvent M. le Tellier, encore plus souvent M. de Lionne, à cause de ses Enfans qui m'aimoient fort, & M. de Pom-
ponne qui avoit grande obligation à ma
Mere. Elle avoit vingt ans durant montré au Roy de belles lettres qu'il lui écrivoit de Suede, & cela n'avoit pas peu
contribué à le faire Ministre. Il est vray
que ces belles lettres il étoit trois mois à
les faire, & quand il fut en place, on
s'apperçût bien-tôt que c'étoit un homme d'un genie assez court Je voyois
aussi M. de Croissy qui avoit plus de capacité qu'on n'a crû dans le monde. Son
air grossier, pour ne pas dire brutal, lui
a fait tort. Personne n'écrivoit mieux, &
toutes ses dépêches qu'il dictoit lui-même sans le secours de ses Commis étoient
admirables.

admirables. Bergeret son premier Commis se donnoit là-dessus une vanité ridicule ; il alloit tous les jours écrire sous son Maître les Lettres qu'il lui dictoit, & n'étoit que simple Scribe , quoiqu'il eût deux mille écus d'appointemens ; il n'y changeoit pas une parole , & cependant lorsqu'on parloit des belles dépêches de M. de Croissy & qu'on le flattoit d'y avoir quelque part , il se donnoit un air modeste , qui laissoit entendre ce qui n'étoit pas , sans pourtant qu'on pût l'accuser de s'en être vanté grossierement. J'ai moi-même été trompé comme les autres jusqu'au jour, qu'à la honte de nôtre siécle , l'Academie Françoise le préfera à M. Ménage. Alors il me consulta sur une Harangue que M. d'Harcourt son ami luy avoit faite, & je connus son incapacité par les manieres innocentes & niaises dont il reçût mes corrections , dont il n'entendoit pas la moitié. Monsieur de Pontchartrain devenu Chancelier , étoit aussi plus que pas un de mes amis. Nous avons étudié ensemble ; & son pere President des Comptes signa parmi mes parens quand on me fit émanciper. Après tout ce verbiage , dont je me serois peut-être bien passé , je viens à mon dessein.

Emmanuël Theodose de la Tour d'Auvergne , Cardinal de Boüillon , naquit dans le Château de Turenne , le 24. Août 1643. quoique dans toute l'Italie il passe pour être né à Rome en 1644. dans le tems que le feu Duc de Boüillon son Pere , s'y rendit pour être Généralissime des Troupes du Pape Urbain VIII. Sa Femme Eleonore de Berghues , Princesse , dont la Pieté solide égaloit le courage , la beauté & la naissance , le suivit avec quelques-uns de ses Enfans , & peut-être que le Cardinal de Boüillon ne s'est pas opposé à cette créance commune , dans la pensée qu'étant cru né Romain , on l'en aimeroit mieux dans Rome en le croyant compatriote. Sa Maison est regardée comme une des plus Illustres de l'Europe. Justel & Baluze m'en ont fait la Généalogie , & la font descendre des Ducs d'Aquitaine, Comtes d'Auvergne ; & quoique le Bouchet , fameux Généalogiste , ait paru en plusieurs occasions peu favorable à M. de Boüillon , il ne laisse pas d'avoüer qu'ils descendent en ligne directe de Geraut de la Tour , qui vivoit en 937. qu'il dit bien être de la Maison d'Auvergne, mais non pas defcendre d'Afret, Comte d'Auvergne & Duc d'Aquitaine, dont Juftel les a fait defcendre le premier, mais de Bernard, Vicomte d'Auvergne, qui vivoit vers l'an 900. Une fi grande ancienneté jointe à quinze alliances, avec la Maifon Royale, mettent la Maifon de Boüillon au-deffus de beaucoup d'autres qu'on s'efforce tant de faire valoir.

Quelque temps après la Naiffance d'Emmanuel Theodofe, on le deftina être Chevalier de Malte, malgré la répugnance de la Ducheffe de Boüillon, fa Mere, qui trouvoit fort dangereux pour le Salut, un état de vie qui engage à des vœux Religieux, dont l'obfervation eft fi difficile, par le commerce du grand monde & par la vie Militaire. Il porta le nom de Chevalier, jufqu'à ce qu'il embraffa l'état Ecclefiaftique. Au commencement de l'année 1644. le Duc & la Ducheffe de Boüillon, fous prétexte d'un Pelerinage au Puy, partirent de Turenne & pafferent en Italie; ils remirent le petit Chevalier entre les mains de Madame de Duras fa Tante, que le Duc aimoit plus tendrement que fes autres Sœurs, ce qui a bien paru dans la fuite. Madame de Duras ayant plus profité de l'amitié & de la protection de M. de Turenne, qui pensoit sur leur sujet, comme son Frere, que tous ses autres Neveux, Fils de ses Sœurs. Madame de Duras garda chez elle le petit Chevalier de Boüillon jusqu'en 1647. que le Duc de Boüillon étant revenu à la Cour après la paix d'Italie, sollicita le dédommagement qu'on luy avoit promis pour la Souveraineté de Sedan.

Les Livres sont pleins du Traité que M. de Cinq-Mars, Grand Ecuyer de France, fit avec le Roy d'Espagne, pour chasser le Cardinal de Richelieu. J'ai été bercé de toutes les particularitez de cette affaire, ma Mere étoit de tous les secrets de la Cour. La Princesse Marie de Gonzague, qui a été depuis Reine de Pologne, & son amie intime, lui avoit promis de faire mon Pere Garde des Sceaux, après qu'elle auroit épousé M. le Grand, qui devoit être Connetable. Elle étoit confidente de leurs amours, mais mon Pere, alors Intendant de Languedoc, ne sçavoit rien de tout cela : il eut ordre d'aller chez M. le Grand, qui avoit été arrêté, & de saisir tous ses papiers, même ceux qui étoient dans ses poches. Il le trouva dans sa chambre à Montpellier, se promenant à grands pas, devant un grand feu, où il avoit jetté beaucoup de papiers. M. de Choisy, lui dit-il, en le voyant, vous seriez bien fâché de trouver tout ce que je viens de brûler. Enfin tout fut découvert.

M. le Duc d'Orleans, Oncle du Roy, avoit signé le Traité d'Espagne, & l'on prétendoit même sur de grandes apparences, que le Roy, qui n'aimoit plus le Cardinal de Richelieu, qui le craignoit, avoit tout aprouvé. Ce Prince, dont on a dit avec raison, qu'il étoit grand dans les petites choses & petit dans les grandes, avoit eu envie de temps en temps de se défaire de ce Cardinal, & n'avoit jamais eu la force de le faire. M. le Grand eut le col coupé, M. de Thou l'eut aussi, quoiqu'il n'eût point signé ce Traité, mais parce qu'en ayant eu la connoissance, il n'en avoit rien dit. M. le Duc d'Orleans en fut quitte pour aller à Blois, & M. de Boüillon, qui commandoit l'Armée du Roy en Italie, fut arrêté & conduit à Lyon, au Château de Pierre Encize ; il nioit fort d'être entré dans le Traité, & il ne se trouva point de preuves contre lui ; mais comme Fontrailles , Agent de M, de Cinq-Mars , l'avoit nommé parmi ceux qui n'aimoient pas le Cardinal de Richelieu , & que Monsieur lui avoit fait promettre de lui donner retraite dans Sedan , en cas que le Roi vînt à mourir , on le menaça de luy faire un mauvais parti , s'il ne faisoit rendre au Roy la Ville de Sedan, dont on luy donneroit un dédommagement considerable. Le Cardinal Mazarin qui commençoit à entrer dans les affaires , sous les ordres du Cardinal de Richelieu , menagea l'accommodement. Sedan fut délivré au grand regret d'Elizabeth Nassau , Mere du Duc de Bouillon , qui vouloit plûtôt souffrir les dernieres extremitez & hazarder la vie de son Fils. Le Duc de Bouillon fut mis en liberté & relegué à Turenne , où il demeura jusqu'à la mort du Roy Louis XIII. Il fut alors persuadé que le Cardinal Mazarin , tout puissant sur l'esprit de la Reine Regente , luy feroit rendre justice, sur le dédommagement qu'il luy avoit promis de la part du Cardinal de Richelieu. Il revint à la Cour avec de grandes esperances. Il y fut assez mal reçû. On le regarda comme un homme qu'on ne craignoit plus, depuis qu'il n'avoit plus Sedan ; & sa présence devint bientôt importune. Il s'en apperçût & s'en alla à Turenne, où il negocia pendant l'hiver le Generalat des troupes du Pape. Il passa en Italie,& y étant demeuré jusqu'en 1647. il ne fut point en état de solliciter son dédommagement. Il revint à la Cour, où il fut traité d'abord assez bien , & ensuite si mal qu'il se vit obligé à suivre l'exemple de M. le Prince de Conty , qui s'étoit déclaré pour la Ville de Paris , contre le Roy ; le Duc de Longueville se déclara aussi. On mena les Enfans de M. le Duc de Boüillon à l'Hôtel de Ville , pour y servir d'òtage de la fidelité de leur Pere. Mademoiselle de Longueville, Sœur des Princes de Condé & de Conty , fut aussi conduite à l'Hôtel de Ville , pour y servir d'ôtage. Elle y accoucha du Comte de saint Paul, qui fut tenu sur les Fonts de Baptême par le Prevôt des Marchands & Echevins de la Ville de Paris , & par Madame de Boüillon qui le nommerent Charles Paris. C'est lui qui fut tué au passage du Rhin en 1672. dans le tems qu'il alloit tâcher de se faire Roy de Pologne.

R iiij

Pendant que M. de Boüillon étoit déclaré l'un des Generaux de la Ville de Paris , M. de Turenne qui commandoit l'armée du Roy en Allemagne , la faisoit confederer contre la Cour ; mais peu après par les intrigues de M. le Prince qui avoit conservé beaucoup de crédit sur ces Troupes qu'il avoit commandées long-tems , M. de Turenne s'en vit abandonné , & fut obligé de se retirer en Hollande.

La guerre de Paris ne dura pas longtems ; la Ville se soumit au Roy ; il y eut une Amnistie generale , & le Duc de Boüillon & le Vicomte de Turenne y furent nommez expressément ; mais cette paix ne fut pas longue. Le Cardinal Mazarin fatigué de la maniere imperieuse dont il étoit traité par M. le Prince, qui vouloit faire donner à ses creatures toutes les Charges & tous les Gouvernemens , persuada à la Reine-Mere & Regente (qu'il gouvernoit absolument) de faire arrêter les Princes ; (car M. le Prince de Conty & le Duc de Longueville étoient unis inseparablement par le sang & par l'interêt.) Il s'assûra en secret, avant que de l'entreprendre, du parti des Frondeurs , & il gagna le Coadjuteur de Paris depuis le Cardinal de Retz & le Duc de Beaufort , & fit conduire les Princes au Château de Vincennes , dans le tems qu'ils s'y attendoient le moins. Ils avoient reçû plusieurs avis secrets dont ils s'étoient moquez , quoiqu'ils prissent la précaution de n'aller jamais tous trois ensemble au Louvre. M. de Longueville étoit alors à une petite maison à Chaillot où il prenoit des eaux. Quand toutes les mesures furent prises , la Reine-Mere écrivit le soir à M. de Longueville , que s'il vouloit la venir trouver le lendemain , elle luy donneroit contentement sur le Gouvernement du Pont de l'Arche qu'il demandoit depuis long-tems ; qu'elle étoit incommodée , & ne tiendroit pas Conseil ce jourlà. Il n'y manqua pas , & fut bien étonné quand il vit les deux Princes déja arrivez. Le Cardinal Mazarin entra aussitôt , & leur dit que la Reine achevoit quelques dépêches. Un moment après , le vieux Guitaut Capitaine de ses Gardes entra qui les arrêta de la part du Roy , & les pria de passer par un petit escalier dérobé. M. le Prince en voyant cet escalier fort obscur & plein de Gardes du Corps la Carabine haute , luy dit

Guitaut , cecy a bien l'air des Etats de Blois. Non , non , Monseigneur , luy dit-il , je ne m'en mêlerois pas. Ils descendirent , & furent mis entre les mains du Comte de Miossens , Capitaine-Lieutenant des Chevaux Legers qui en devint Maréchal d'Albret ; il les mena à Vincennes , & dans le chemin le Carosse s'étant rompu , M. le Prince, pendant qu'on le racommodoit , dit tout bas à Miossens , voicy une belle occasion pour un Cadet de Gascogne. Miossens ne fut point ébranlé , & mena ses prisonniers à Vincennes.

Dès que les Princes eurent été arrêtez , le Duc de Bouillon & M. de Turenne se déclarerent hautement pour leur liberté.Le Duc s'en alla à Mouron prendre Madame la Princesse , & la conduisit à Bordeaux avec trois ou quatre cens hommes de la Vicomté de Turenne. M. de Turenne de son côté s'en alla à Stenay ; la Reine-Mere envoya aussi-tôt le Sieur de Carnavalet Lieutenant des Gardes du Corps arrêter la Duchesse de Bouillon , qui logeoit dans la vieille ruë du Temple , & qui étoit prête d'accoucher. Dès que ses Suisses virent venir les Gardes du Corps , ils fermerent la porte, & la vinrent avertir. Elle n'eut que le tems de dire à un valet de Chambre de faire ſauver ſes enfans. Elle avoit alors quatre garçons; le petit Chevalier de Boüillon dont j'écris la vie étoit le troiſiéme. Le Valet fit mettre promptement les chevaux au Caroſſe pendant qu'on ouvroit les portes aux Gardes du Corps qui ſe poſterent ſur l'eſcalier, mais il paſſa hardiment au milieu d'eux avec les quatre enfans, en leur diſant : Allez-vous-en, Meſſieurs nos petits Princes ont bien d'autres affaires qu'à joüer, les voilà priſonniers; faiſant accroire aux Gardes que c'étoit des enfans du quartier qui étoient venus pour joüer avec eux. Les Gardes les laiſſerent paſſer ; il monta en Caroſſe avec eux, & les mena chez le Maréchal de Goeſbriant ami de la maiſon. Le Marquis du Becq ſon Frere étoit le meilleur ami de M. de Boüillon. Ils n'y demeurerent que quelques jours, & la Maréchale, pour les mieux cacher, les fit habiller tous quatre en filles, & les mena dans une petite maiſon qu'elle loua auprès de Belle Chaſſe, quartier où il n'y avoit alors que des Jardins. Ils y demeurerent près de deux mois, & y penſerent être découverts par l'imprudence de ceux qui les servoient. Ils leur laissèrent faire dans le Jardin un petit Fort que les uns attaquoient, & que les autres deffendoient avec grand bruit. Ces enfans n'étoient pas nez pour vivre en filles. Une Jardiniere du voisinage les vit pardessus la muraille, & dit à ses voisines : Il y a là dedans de plaisantes petites filles qui font les Gensd'armes. Le Marquis du Becq qui les venoit voir fort souvent en fut averti, & resolut de les changer de lieu. Cependant la Duchesse de Boüillon qui étoit accouchée, & en bonne santé, songea à se sauver pour aller trouver son mari à Bordeaux. Mademoiselle de Boüillon sa belle sœur & sa fille aînée qui a été depuis Duchesse d'Elbeuf joüoient toute la journée avec Carnavalet. La Duchesse les quittoit souvent pour aller écrire, disoit-elle, ou prier Dieu. Elle se cachoit les soirs dans quelque coin de la maison pour mettre en peine Carnavalet qui la trouvoit toûjours ; & enfin elle l'y accoutuma si bien, que quand il ne la trouvoit pas d'abord, il ne s'en étonnoit pas. Un soir qu'elle avoit bien pris ses mesures, elle sortit par le soupirail de la cave avec sa fille aînée, pendant que Carnavalet joüoit au Renverſi. Un Gentilhomme de M. de Boüillon l'attendoit dans la ruë , & la conduiſit chez une de ſes amies , à qui il fit accroire que c'étoit une riche veuve qu'il venoit d'enlever. Elle paſſa le lendemain dans la maiſon d'un frere de Bartet , qui a été depuis Secretaire du Cabinet , & qui eſt mort en 1707. à Neuville auprès de Lyon chez le Maréchal de Villeroy , âgé de plus de cent ans. Elle ſe préparoit à partir en poſte déguiſée en homme pour ſe rendre à Bourdeaux , lorſque ſa fille eut la petite verole. Elle ne put pas ſe reſoudre à la quitter en cet état-là , & cependant la Cour qui faiſoit faire de grandes perquiſitions fut avertie du lieu de ſa retraite. On vint l'arrêter pour la ſeconde fois pour la mener à la Baſtille , dont elle n'eſt ſortie qu'à la Paix. Carnavalet y fut mis auſſi pour le punir de ſa négligence. On accuſa Bartet d'avoir averti le Cardinal Mazarin du lieu où étoit Madame de Boüillon , & ce ſoupçon fut bien fortifié , lorſqu'on le vit peu de tems après Secretaire du Cabinet. Cependant le Marquis du Becq qui s'étoit chargé de faire ſauver les enfans de M. de Boüillon , les avoit fait partir tous

quatre toûjours habillez en filles , &
voulut les conduire luy-même jusqu'au-
delà de la Loire , où ils n'avoient plus
rien à craindre. Il les mena heureusement
jusqu'auprès de Blois , où le petit Chevalier de Boüillon tomba malade si dan-
gereusement , que le Marquis du Becq
le confia à Madame de Flechine sa pa-
rente , qui avoit une assez belle maison
près de Blois , la priant de le faire passer
pour une de ses niéces. Cela n'étoit pas
difficile ; la beauté de son visage & la
délicatesse de ses traits le pouvant fort
aisément faire croire du beau Sexe. Madame de Flechine envoya chercher le
Sieur Bellay fameux Medecin de Blois
(qui est mort premier Medecin de feuë
Mademoiselle) & fut obligée de luy dire le secret ; il le garda même à M. le
Duc d'Orleans qui étoit retiré à Blois ,
& ne luy declara la verité qu'après que
la Paix fut faite. Le petit Chevalier de
Boüillon étant gueri, demeura chez Madame de Flechine toûjours habillé en
fille , sans que personne se doutât de
la verité de son Sexe ; mais la Reine
Regente & le Cardinal Mazarin ayant
resolu d'aller assieger Bordeaux où
Madame la Princesse s'étoit retirée

sous la conduite du Duc de Boüillon, & la Cour étant venuë à Blois, Mada-me de Flechine eut si grande peur, qu'on ne trouvât chez elle un fils de M. de Boüillon, & qu'on ne le conduisît au Siege pour le mettre à la bouche d'un Canon, & obliger peut-être son pere à rendre la Ville, qu'elle prit une resolu-tion qui paroîtroit fabuleuse, si l'on ne sçavoit pas qu'elle est veritable. Il y avoit dans le Parc de sa maison, quoi-qu'il ne fût pas fort grand, un petit Bois très-épais où elle avoit remarqué un gros Buisson fait en forme de voute, où l'on ne pouvoit entrer qu'en se trai-nant à terre sous des ronces & des épi-nes. Ce fut dans cette niche qu'elle fit entrer le petit Chevalier de Boüillon, après luy avoir fait quitter ses habits de fille, & l'avoir habillé en garçon, d'une étoffe fort simple, afin qu'on le remarquât moins. Elle fit entrer avec lui son Valet de Chambre nommé Des-fargues qui ne l'avoit pas quitté; elle leur donna du pain, du vin & de l'eau, un pâté, un parassol de toile pour les garantir de la pluie, & un oreiller. Desfargues en sortoit le soir pour aller faire la ronde dans le Parc,

& observer s'il ne venoit personne pour enlever son Maître. La bonne Dame craignoit son ombre, persuadée que la Cour ne songeoit qu'à cette affaire-là. Elle soupçonna deux Capucins d'être espions du Cardinal Mazarin, parce que l'un d'eux avoit dans sa manche un mouchoir de toile fine avec des glands, ce qui étoit fort à la mode en ce tems-là, mais ne s'accordoit pas avec la simplicité Religieuse. Un soir que le Valet de Chambre étoit sorti du Buisson pour aller recevoir les petites provisions que Madame de Flechine luy apportoit elle-même, il fit un orage furieux accompagné de pluye & de tonnerre ; le petit Chevalier qui n'avoit que sept ans, & qui étoit seul dans son buisson, fut fort désolé en voyant un ver luisant, animal qu'il ne connoissoit point ; il crut que c'étoit le tonnerre : il cria à son Valet de Chambre qu'il aimoit fort, & qui vouloit rentrer dans le buisson, de prendre garde à luy. Desfargues prit aussi-tôt à la main le ver luisant, & rassura le petit Chevalier, qui luy dit qu'un pareil tonnerre ne le feroit plus trembler. Un autre jour ils trouverent leur pâté tout
plein

plein de fourmis ; ils ne laisserent pas d'en manger faute d'autre chose ; ils passerent huit , ou dix jours dans ce buisson , jusqu'à ce que la Cour étant partie de Blois , Madame de Flechine les fit cacher dans une Grange , & ensuite dans une petite Tour qui étoit au bout de son Parc où ils étoient enfermez toute la journée , s'occupant à faire de petits panniers d'ozier ; elle leur donna aussi la Vie des Saints , & quelquefois la Gazette que le petit Chevalier devoroit , parce qu'il y apprenoit quelquefois des nouvelles de Monsieur de Boüillon. Il fut un jour bien fâché de voir que la populace de Bordeaux s'étoit voulu révolter contre Madame la Princesse , & que les Ducs de Boüillon & de la Rochefoucault avoient eu bien de la peine à l'appaiser. Ils s'étoient servis pour cela d'un fils de Monsieur de Boüillon qui n'avoit que douze ans ; on l'appelloit alors Prince de Raucour , & il s'est appellé depuis le Chevalier de Boüillon , parce que celuy dont j'écris la vie , en embrassant l'Etat Ecclesiastique , prit le nom de Duc d'Albret. On mit un Bufle au petit Prince de Raucour , une Cuirasse &

un Casque en tête , & monté sur un petit Bidet , il alla dans toutes les ruës de Bordeaux haranguer le peuple. Son esprit passoit son âge ; il est mort à l'âge de vingt-trois ans;& selon les aparences, il eût égalé, s'il eût vêcu, les plus grands hommes de sa Maison.

Dans le tems que le Duc de Boüillon s'en alla à Bordeaux , il écrivit à M. de Turenne que le Cardinal de Mazarin avoit manqué à toutes les paroles qu'il luy avoit données ; que l'on ne le regardoit à la Cour que comme un miserable Solliciteur de Procès,& que s'ils ne trouvoient l'un & l'autre le moyen de se faire rendre Justice en se faisant craindre , ils pouvoient compter leur Maison abattuë & ruïnée : c'est ce qui obligea M. de Turenne à se remettre à la tête de l'Armée d'Espagne , & à la faire entrer en France. Il y avoit joint quelques Regimens d'Infanterie & de Cavalerie sur lesquels il avoit un pouvoir absolu ; il avoit hésité quelques momens à prendre le party de M. le Prince dont il n'avoit point sujet d'être content , ce qu'il luy avoit signifié en parlant à sa personne huit jours avant qu'il fût arrêté ; mais comme leur liaison étoit publique , &

que le sujet de leur broüillerie étoit fort
secret , il crut qu'il y alloit de son honneur de sacrifier en cette occasion son
ressentiment particulier , & se déclara
hautement pour luy. Il s'avança en Pi-
cardie , & perdit la Bataille de Rhetel
contre le Maréchal du Plessis Pralin. Le
Duc de Boüillon de son côté fut plus
heureux à Bordeaux : il soutint quelque
tems la Guerre par son courage & par
une action bien hardie. Il apprit que les
Généraux de l'Armée du Roy avoient
fait pendre quelques Officiers de ses
Troupes , il crut devoir user de repré-
sailles ; & dans le milieu de Bordeaux ,
il fit pendre sans autre forme de Justice ,
un Officier des Troupes du Roy qui
étoit prisonnier sur sa parole. Cela fit
un bon effet , & l'on se fit quartier de
part & d'autre.

Peu de tems après, les Princes furent mis
en liberté, & la Paix fut faite. Le Duc de
Boüillon & le Vicomte de Turenne y furent compris expressément. Le Duc, après
avoir rendu Bordeaux, salua le Roy , &
se retira à son Château de Longuais.

Cependant Madame de Boüillon sortit de la Bastille , & avec la permission
de la Reine prit le chemin de Perigord

pour y aller trouver son mari. Elle étoit
accompagnée de Mademoiselle de Boüillon sa belle-sœur , & de sa fille aînée,
qui a été depuis Duchesse d'Elbeuf. Elle
s'arrêta à Tours , & envoya un valet de
Chambre nommé François , en qui elle
avoit une grande confiance , à Madame
de Flechine pour lui rendre mille graces,
& la prier de lui remettre entre les mains
le Chevalier de Boüillon. Madame de
Flechine , qui ne connoissoit point l'é-
criture de Madame de Boüillon , & encore moins le Valet de chambre , lui répondit , qu'elle ne sçavoit ce qu'on vouloit dire , & lui dit de se reposer , & de
manger. Elle alla cependant à la petite
Tour dire à ses deux prisonniers ce qui
se passoit , & les fit monter au haut de
la Tour , afin qu'ils puissent voir dans
le Jardin le nommé François , & le reconnoître. Cela fut bien executé , ils
le reconnurent , descendirent , l'embras-
serent comme leur liberateur , & partirent avec lui pour aller à Tours sur des
chevaux de Païsans. M. le Cardinal m'a
conté toutes ces petites particularitez ,
dont il se souvenoit avec plaisir au bout
de cinquante-six ans. Il m'a fait la des-
cription de la Ville de Tours , & de

l'Abbaye de Marmoutier , quoiqu'il n'y ait pas été depuis ; & il croyoit être encore sur un certain grand Pont , où il trouva Madame de Boüillon qui répandit bien des larmes en l'embrassant. Il ne reconnut point sa Sœur , tant elle étoit changée de la petite vérole. Ils arrivérent heureusement à Poitiers ; & il se souvient que pendant le voyage , Madame de Boüillon , qui étoit bonne Catholique , & Mademoiselle de Boüillon , qui étoit bonne Huguenotte , avoient souvent des disputes assez aigres sur la Religion , vivant en toute autre chose dans une parfaite union. Elles avoient l'une & l'autre beaucoup d'esprit & de mérite ; le corps & bien faite , & l'autre L'une ét.... belle étoit laide & bonne.

Après quelque tems , Monsieur & Madame de Boüillon revinrent à la Cour , & furent fort bien reçûs. Le Cardinal Mazarin , pour leur marquer une parfaite réconciliation , les vint voir ; & en faisant des caresses à leurs enfans , il dit au petit Chevalier , qui n'avoit que sept ans & demi , & qui étoit beau comme un Ange ; & vous aussi , ne voulez-vous pas être de mes amis ? Non, reprit brusquement le petit garçon , vous avez trompé mon Papa ; ce qui déconcerta fort la Compagnie , à ce qu'a dit depuis le vieux Duc de Charost , qui étoit présent , & qui en fut bien aise. Charost n'aimoit pas le Cardinal Mazarin ; il avoit été au Cardinal de Richelieu , qu'il ne nommoit jamais sans l'appeler mon bon Maître.

Après avoir conduit le Duc d'Albret à l'âge de vingt-quatre ans , & l'avoir fait passer par tous les dégrez d'esprit , de vertu, de science & de capacité, pour parvenir à l'estime générale que personne ne lui refusoit , il est tems d'expliquer on peut dire, & je m'en vais le prouver , que si la naissance & la considération de M. de Turenne commencerent l'ouvrage , il ne fut achevé que par une prudence infinie , une pénétration sans bornes , & une fermeté à toute épreuve. M. de Perefixe , Archevêque de Paris, avoit lié une amitié très-étroite avec le Duc d'Albret , depuis qu'il avoit présidé à son Acte tentative en 1664. & qu'il avoit voulu être le Grand Maître de ses Etudes pendant sa Licence.

Sa fréquentation augmentoit chaque jour la tendreſſe ; & le bon Archevêque ne luy cachoit point , que la choſe du monde qu'il ſouhaittoit le plus , étoit de le voir ſon Coadjuteur; perſuadé que l'Egliſe de Paris ſeroit heureuſe d'être conduite par un ſi digne Paſteur. Le Duc d'Albret qui demeuroit dans le Cloître Nôtre-Dame , cultivoit une amitié qu'il pouvoit ſi bien rendre utile , & alloit les ſoirs à l'Archevêché par la petite porte y paſſer les après-ſoupez. M. de Perefixe étoit le meilleur homme du monde , violent , aiſé à mettre en colere , mais qui revenoit un moment après ; il avoit auſſi bien de l'amitié pour moi , & me fit l'honneur de préſider à mon Acte de Tentative que je dédiai au Roy. Il me ſouvient que la veille il me vint voir à Luxembourg , & me fit ſes trois argumens, après quoi il me dit : Monſieur l'Abbé , vous ſçavez que l'Abbé le Tellier qui eſt en Licence fait tout ce qu'il peut pour démonter tous les Répondans ; ſes Docteurs luy font de bons argumens , & ſon plaiſir eſt d'obliger le Préſident à prendre la parole. Je veux vous faire le plaiſir de ne point ouvrir la bouche , deffendez-vous com-

me vous pourrez. Il le fit comme il me
l'avoit dit. L'Abbé le Tellier eut beau
crier, & demander justice au Président,
je criois aussi haut que lui ; & soit que
j'eusse raison, les Docteurs fraperent sur
les écoutes, & lui imposerent silence. Le
Duc d'Albret étant si-bien avec M. de
Peresixe, apprenoit avec peine que quelquefois M. de Turenne blâmoit la conduite de l'Archevêque à l'égard des Filles de
Port-Royal. M. de Turenne étoit encore
Huguenot, & les Huguenots, qui nient
aussi-bien que les Jansenistes le mérite
des bonnes œuvres, favorisoient en tout
les Jansenistes, à cause de la conformité
de leurs sentimens sur la Grace. Le Duc
d'Albret supplia M. de Turenne d'avoir
un peu plus d'attention pour un Archevêque qui lui témoignoit tant d'amitié,
& qui avoit tant de considération pour
sa Maison, dont il avoit souvent fait
tant d'éloges dans des discours publics,
ce qu'il lui promit de faire, & ce qu'il
fit effectivement.

Les choses en étoient là, & paroif-
soient vouloir demeurer quelque tems
au même état, lorsque l'Abbé le Tellier obtint du Roy la Coadjutorerie
de Langres. Cet Evêché l'une des six
Pairies

Pairies Ecclesiastiques de France étoit possedé par l'Abbé de la Riviere, qui en qualité de favory de M. Gaston Oncle du Roy, avoit fait une si grande figure pendant la Regence ; mais l'Abbé le Tellier avoit bien de plus grands desseins, il songeoit à l'Archevêché de Rheims. Un nommé Saint Laurent, Commis de Mannevillette, Receveur General du Clergé, alla à Reims avec un Feüillant qui avoit un grand pouvoir sur le Cardinal Antoine, pour tâcher d'obtenir la Coadjutorerie. Il luy persuaderent que si l'Abbé le Tellier étoit son Coadjuteur, il mettroit bien-tôt son Chapitre à la raison par le crédit du Ministre, & l'obligerent à demander cette grace que le Roy luy accorda. Le Duc d'Albret en fut averti, & l'alla dire à Monsieur de Turenne qui prit feu, & résolut d'en aller sur le champ avertir le Roy, & rompre par là la Négociation ; mais le Duc d'Albret s'y opposa. Si l'Abbé le Tellier, luy dit-il, est Coadjuteur de Reims, il faut demander pour moy la Coadjutorerie de Paris ; & en cas de refus, la Nomination au Cardinalat. Le Roy sera si honteux d'avoir fait l'Abbé le Tel-

lier Coadjuteur de Reims, qu'il n'ose-
ra vous refuser. Le Roi étoit bien dis-
posé en faveur du Duc d'Albret ; ma
Mere que Sa Majesté honoroit de quelque confiance , luy avoit dit plusieurs
fois que le Duc d'Albret avoit tout le
merite du monde , & qu'il étoit du
bois dont ont fait les Cardinaux.Elle m'a
conté qu'étant un jour dans la Chambre du Roy en attendant l'Audience
particuliere qu'il luy donnoit deux ou
trois fois la semaine dans son Cabinet,
le Duc d'Albret y étoit entré , & l'avoit
entretenuë pendant une demie heure.
Elle s'étoit fait donner ces Audiences
en disant au Roy avec hardiesse , pour
ne pas dire effronterie : Sire , si vous
voulez devenir honnête homme , il
faut que vous m'entreteniez souvent. Le
Roy la fit appeller , & eut la bonté
de luy dire qu'il étoit fâché de l'avoir
fait tant attendre. Sire , luy dit-elle , je
ne me suis point ennuyée ; j'étois avec
ce petit Duc d'Albret qui a plus d'esprit que moy : ce sont de ces gens-là
quand ils ont la naissance & le merite , que Votre Majesté doit élever aux
premiers postes. Vous devriez luy donner votre nomination au Cardinalat ;

que pouvez-vous mieux faire ? Elle prit
là-dessus occasion de passer en revûë
tous ceux qui pouvoient alors preten-
dre au Cardinalat , & leur donnna à
chacun un petit coup de patte sans en
exempter l'Evêque de Laon son bon
ami , depuis Cardinal d'Estrées ; mais
qui ne l'étoit pas tant que le Duc
d'Albret. Mais reprit le Roy, il est
bien jeune : il est vray ; mais il est bien
sage , & d'ailleurs quand vous le nom-
meriez aujourd'huy, il ne seroit peut-
être pas Cardinal dans dix ans. Ce
discours jetté à l'avanture germa dans
la suite ; & le Cardinal de Boüillon
m'a dit plusieurs fois qu'elle avoit la
premiere rompu la glace sur son Cardinalat ; aussi dès qu'il eut la Nomination , il vint tout courant luy en dire
la nouvelle , & sur sa table il m'écrivit un billet charmant pour me le faire
sçavoir. J'étois allé en Bourgogne à
mon Abbaye de saint Seine ; & lorsque
j'ay reçû son billet, je dînois à Dijon
avec Monsieur Bouchu Intendant de
la Province. J'eus bien-tôt pris mon
party , & demandé à l'Intendant s'il
vouloit mander quelque chose à Paris , & qu'au sortir de table j'allois pren-

dre la poste ; je le fis & volai. J'embrassai le nouveau Cardinal , & deux jours après je retournai à saint Seine faire mes affaires ; mais pour revenir au Duc d'Albret , M. de Turenne approuva son raisonnement , & luy dit effectivement : vous avez plus d'esprit que moi ; il n'y a qu'à laisser faire la Coadjutorerie de Reims & en profiter par contre-coup en obtenant celle de Paris , ou la nomination au Cardinalat. En effet , quatre jours après l'Abbé le Tellier fut déclaré Coadjuteur de Reims , & Saint Laurent pour sa récompense fut Receveur General du Clergé. Le Duc d'Albret alla aussitôt trouver l'Archevêque de Paris , & luy dit : Je ne viens point icy, Monsieur, vous presser sur une chose que vous m'avez témoigné tant de fois souhaiter avec passion ; c'est seulement pour vous dire que la conjoncture est favorable, le Roy vient de faire l'Abbé le Tellier Coadjuteur de Reims , il ne vous refusera pas, si vous me demandez presentement pour votre Coadjuteur , & que M. de Turenne joigne ses prieres aux vôtres : mais , Monsieur, ne me répondez point presentement, demain j'aurai l'honneur de vous voir. L'Archevêque l'embrassa avant que de luy répondre , & luy dit qu'il falloit voir avec M. de Turenne comment il s'y faudroit prendre pour faire réüssir une chose qu'il souhaitoit passionnément. Le lendemain M. de Turenne que le Duc d'Albret avoit fait avertir , vint dîner chez luy,& y trouva M. Boucherat Conseiller d'Etat,mort depuis Chanchelier de France. Il avoit été Tuteur de M. de Boüillon conjointement avec M. le premier President de Lamoignon & le President de Mesmes. Il étoit ami particulier de M. de Turenne. Le Duc d'Albret l'avoit prié d'y venir pour fortifier en cette occasion la foiblesse naturelle de Monsieur de Turenne , que sa modestie & son désinteressement empêchoient souvent de parler au Roy en faveur de sa Maison. Aussi-tôt après dîné , M. de Turenne alla voir l'Archevêque ; & l'ayant trouvé dans les mêmes sentimens , il partit sur le champ pour saint Germain , & dès le soir il demanda au Roy la Coadjutorerie de Paris pour son Neveu , assurant le Roy que l'Archevêque devoit lui faire la même priere , & en luy avoüant qu'il avoit eu quelques vûës sur l'Archevêché de Reims. Le Roi qui se ressouvenoit encore de la

Guerre de Paris où le Coadjuteur Cardinal de Retz luy avoit fait tant de peines, luy refusa tout net la Coadjutorerie. Le Duc d'Albret, luy dit-il, est trop jeune pour le charger du soin de tant d'ames ; mais il le refusa avec les termes du monde les plus obligeans, l'assurant qu'il luy accorderoit toute autre chose. Alors M. de Turenne, suivant qu'il en étoit convenu avec le Duc d'Albret, luy demanda ponr luy la nomination du Cardinalat, ce que Sa Majesté luy accorda avec plaisir, luy recommandant seulement de ne le dire à personne du monde qu'à son Neveu. Cette Nomination paroissoit alors fort éloignée. Le Pape Clement IX. qui n'étoit Pape que depuis un an n'ayant pas encore songé de faire la Promotion de ses creatures, qui devoit préceder celle des Couronnes. Monsieur de Turenne envoya dans la nuit au Duc d'Albret un Courier, & luy manda ce qui s'étoit passé, conseillant à M. de Paris de differer son voyage de quelques jours. M. le Duc d'Albret envoya sur le champ l'Abbé le Sauvage son Précepteur, mort depuis Evêque de Lavaur, dire à l'Archevêque, que le Roy avoit refusé la

Coadjutorerie, & que M. de Turenne luy conseilloit de ne pas aller si-tôt à saint Germain. Il luy dit en même tems, que malgré le respect que le Duc d'Albret avoit pour les ordres de Monsieur de Turenne, il luy conseilloit d'y aller dès le grand matin, afin d'être à la premiere entrée, privilege qu'il avoit conservé comme ayant été Précepteur de Sa Majesté, & de pouvoir luy dire qu'il venoit luy rendre compte de la proposion que Monsieur de Turenne luy avoit fait la veille, proposition qu'il avoit acceptée de tout son cœur, persuadé qu'il n'y avoit point dans l'Eglise un meilleur sujet que le Duc d'Albret. C'étoit la maniere dont l'Archevêque s'expliquoit ordinairement. L'Abbé le Sauvage ne luy dit pas un mot de la Nomination au Cardinalat, soit qu'il la sçût ou qu'il ne la sçût pas, ce que je n'ay jamais sçû moi-même. L'Archevêque parut fort affligé, & dès la pointe du jour il alla au lever du Roy qui ne tâta point de ses raisons. Il luy dit assez durement qu'il ne devoit pas consentir à sa Coadjutorerie sans luy en parler, luy reprochant par là qu'il l'avoit exposé à refuse quelque chose à M. de Turenne, &

peut-être dans son cœur pensa-t-il qu'il l'avoit forcé à luy accorder la Nomination au Cardinalat. M. le Tellier ne put pas cacher ce secret au Coadjuteur de Reims, qui quelques jours après en retournant à Paris tête à tête avec le Duc d'Albret, luy dit malicieusement en descendant la Montagne de Chantecoq ; voilà des Tours, (c'étoit les Tours de Notre-Dame) qui vous siéroient bien , & que je vous souhaite de tout mon cœur. Je ne vôle pas si haut,luy répondit le Duc d'Albret qui affecta un air contrit & humilié , quoi qu'interieurement il se sentît bien dédommagé par la Nomination au Cardinalat ; & dans la suite des années l'Archevêque de Reims ayant avoüé au Cardinal de Boüillon qu'il luy avoit parlé des Tours de Notre-Dame , pour luy faire dépit , parce que son Pere luy venoit de confier que le Roy les avoit refusées à M. de Turenne. Le Cardinal luy dit : je n'étois pas si abattu que vous le croyez. Le Roy m'avoit accordé sa Nomination au Cardinalat , nous nous moquions alors l'un de l'autre , & nous avions tous deux raisons.

Il est bon de remarquer ici que Ma-

dame (c'étoit alors la Princeſſe d'Angleterre) à la premiere nouvelle de la
Coadjutorerie de Reims , dit au Roy
qu'un coup de cette importance mar-
quoit aſſez que ſes Miniſtres le gouver-
noient. Ce diſcours qu'elle fit au Roy
avant que M. de Turenne lui parlât de
la Coadjutorerie de Paris , diſpoſa peut-
être l'eſprit du Roy , qui vit bien que
Madame avoit raiſon , à faire quelque
choſe en faveur du Duc d'Albret , & à
lui accorder au moins la Nomination au
Cardinalat , puiſque la politique lui dé-
fendoit abſolument de conſentir qu'un
homme ſi jeune , & de ſa Naiſſance fût
Coadjuteur de Paris. Les Telliers cru-
rent que M. de Turenne , pour ſe facili-
ter la Coadjutorerie de Paris , avoit
pouſſé Madame, qui étoit fort ſon amie,
à tenir ce diſcours au Roy ; mais cela
n'étoit pas vrai. M. de Turenne alloit
rondement , & ſon mérite faiſoit croire
qu'il n'avoit pas beſoin d'autre ſollicita-
tion. On a ſçû que c'étoit le Marquis de
Bellefonds qui avoit prié Madame de
parler ainſi , afin que le Roy luy fît des
graces, ſans conſulter ſes Miniſtres, qu'il
affectoit de mépriſer , pour faire croire
au Roy qu'il ne s'attachoit qu'à ſa per-

sonne. En effet , peu après le Roy le fit
Maréchal de France avec Crequy & Hu-
mieres , pour montrer au Public que les
Ministres ne le gourvernoient pas. Ils
furent très-mortifiez de voir le Roy s'a-
donner à faire des coups d'autorité, sans
leur en dire une seule parole ; mais sur-
tout ils furent fâchés de la Nomination
du Duc d'Albret au Cardinalat quand ils
l'apprirent cinq mois après. Le Tellier
& Louvois n'étoient pas des amis de M.
de Turenne depuis que la Sorbonne
avoit fait une si grande difference entre
le Duc d'Albret & l'Abbé le Tellier,
accordant à l'un toutes sortes de distinc-
tions , & refusant à l'autre les choses les
plus communes , tant l'un étoit aimé &
estimé ; & l'autre haï & peu estimé. Le
Tellier se souvint aussi d'un bon mot
qui échapa à M. de Turenne pendant le
procès de M. Fouquet. Quelqu'un blâmoit devant lui l'emportement de Colbert contre Fouquet , & loüoit la moderation de Monsieur de Tellier. Effectivement , dit M. de Turenne , je crois que
M. Colbert a plus d'envie qu'il soit pen-
du , & que M. le Tellier a plus de peur
qu'il ne le soit pas ; & de plus Monsieur
de Turenne avoit sollicité pour M. Fou-

quet deux amis intimes qu'il avoit parmi ſes juges, ſçavoir, M. d'Ormeſſon
Raporteur, de M. de Catinat Conſeiller
de la grande-Chambre, qui opinerent
tous deux en ſa faveur. Lionne fut aſſez
aiſe de la nomination du Duc d'Albret.
Il avoit fait avec lui une amitié particuliere, & n'aſpiroit point à gouverner le
Roi, content de faire ſa Charge avec
honneur, de tirer de la Cour de gros
apointemens qu'il employoit ſouvent en
des dépenſes inutiles, & de s'abandonner ſans meſure à toutes ſortes de plaiſirs.
Cinq mois après le Roi déclara publiquement qu'il avoit donné au Duc d'Albret ſa nomination au Cardinalat. Lionne lui en expedia le Brevet, & la Lettre
du Roi, dont voici la Copie.

TRE'S-SAINT PERE,

Entre tous les Sujets de nôtre Royaume,
de Profeſſion Eccleſiaſtique, qui Nous ont
ſemblé être plus dignes, par leurs grandes
qualitez, que Nous leur procurions l'hon-
neur d'entrer dans le Sacré College des Car-
dinaux, Nous avons plus particulerement
conſideré nôtre très-cher & bien aimé Cou-

sin Emmanuël Theodose de la Tour d'Auvergne, Duc d'Albret ; lequel dans sa plus tendre jeunesse, fuyant deslors toutes les autres occupations agréables à cet âge-là, que sa Naissance de Prince ne pouvoit que trop lui inspirer, a si bien marché depuis par sa propre inclination & son seul mouvement dans le chemin le plus pénible, comme le plus glorieux, qu'il a continuellement donné des preuves d'une pieté solide & exemplaire ; & s'est d'ailleurs si laborieusement, & avec tant de succès appliqué aux Etudes de toutes les Sciences les plus élevées, qu'après les acclamations publiques données en plusieurs Actes célébres à la profondeur de son érudition & de sa doctrine, il a mérité à vingt-quatre ans le Doctorat de la Faculté de Paris, avec des éloges qui ont été au-delà de toute expression. Ces considerations, sans mélange d'aucune autre, Nous ont fait juger, TRE'S-SAINT PERE, que l'avancement de Notredit Cousin dans les Dignitez de l'Eglise les plus hautes sous la Suprême, seroit en plusieurs rencontres d'un très-grand avantage au bien de la Religion ; c'est pourquoi Nous requerons & supplions très-instammant VOTRE SAINTETÉ, de vouloir, à nôtre Nomination & Représentation, honorer de la Dignité de

Cardinal Notredit Cousin le Duc d'Albret, dans la premiere Promotion qu'Elle fera, selon l'usage, pour gratifier les Couronnes. Les grandes & recommandables qualitez qui se rencontrent en la Personne de Notre-dit Cousin, joint à l'ardente inclination que Nous voyons en lui, de les employer pour les interêts de l'Eglise, Nous donnent une pleine assurance que VOTRE SAIN-TETÉ *aura une entiere satisfaction de ce choix que Nous faisons, & que Nous nous promettons qu'Elle voudra bien consommer le plus promptement qu'Elle pourra par un nouvel effet de sa bonté Pater-nelle, dont Nous nous tiendrons très-sensi-blement obligé à Votre Beatitude, laquelle cependant Nous prions Dieu,* TRE'S-SAINT PERE, *de vouloir conserver longues années au bon régime de nôtre Mere Sainte Eglise. Ecrit à Paris le dix-huit Novembre mil six cens soixante-huit. Votre dévot Fils.* Signé, *Le Roy de Fran-ce & de Navarre,* LOUIS.

Et plus bas, LIONNE.

On peut juger par le stile de cette Lettre, que Monsieur de Lionne étoit ami du Duc d'Albret, qui avoit présidé l'année d'auparavant à l'Acte de Tentative de l'Abbé de Lionne, ce qui avoit fait une grande liaison entr'eux ; M. de Lionne l'ayant preferé à tous les Evêques & Archevêques de France qui se fussent fait honneur de présider à l'Acte de son Fils : mais il faut avoüer que si l'Abbé le Tellier en obtenant la Coadjutorerie de Reimsavoit en quelquesorte sans y penser procuré la nomination au Cardinalat, il fut encore la principale cause qui la rendit publique. Ce Coadjuteur fut sacré en Sorbonne par le Cardinal Antoine, en présence de la Reine & de toute la Cour, qui oublia ce jour-là que le Roy étoit à S. Germain, où il n'y eut personne de toute la journée. Le Duc d'Albret se trouva par malice au Sacre dans la foule des Docteurs, afin qu'on fît la comparaison de lui & de l'Abbé le Tellier. Les nouvelles manuscrites ne manquerent pas de marquer la difference de mérite de l'un & de l'autre; la modestie & la capacité de l'un opposées à l'orgueïl & à la petulance de l'autre. L'Abbé le Tellier étoit entouré de trois ou quatre Docteurs qui lui souffloient continuellement de la science.Il avoit assez bonne mémoire, il n'appliquoit pas mal ce qu'on lui avoit recordé ; mais quand plein de lui-même, gros d'argent, bouffi d'orgueïl , & ne croyant plus avoir besoin de conseil , il s'est trouvé à la tête du Clergé , il a vû les étoiles en plein midi ; il a perdu terre , & a été obligé de remettre le gouvernail à une tête , qui quoique très-mediocre , s'est trouvée meilleure que la sienne. Son Sacre fut donc d'un grand éclat. Quelque bonne ame prit soin de faire tomber les nouvelles manuscrites entre les mains de M. de Turenne , sur lequel elles firent leur effet. Il courut à S. Germain, & supplia le Roy de déclarer publiquement la nomination de son Neveu au Cardinalat. Sa Majesté lui dit qu'elle le feroit avec plaisir ; mais qu'il songeât qu'il ne s'étoit converti que depuis huit ou dix jours, & que les Huguenots ne manqueroient jamais de dire que c'étoit la recompense de sa Conversion. Je suis trop bien connu, Sire, reprit M. de Turenne , pour craindre de pareils discours , & mon Neveu sans moi pouvoit fort bien esperer cette grace de Votre Majesté. Je me suis converti dans un temps non suspect. Il est vrai , reprit le Roi , que si vous l'aviez voulu faire en 1660. vous pouviez esperer autre chose qu'un Châpeau rouge. Ce fut le matin avant que les Ministres fussent assemblez pour le Conseil que le Roi fit appeller M. de Lionne dans son Cabinet, pour lui ordonner d'expedier la Lettre du Pape, pour la nomination du Duc d'Albret au Cardinalat. Lionne au sortir du Cabinet vit M. le Tellier ; & sçachant bien qu'il l'alloit mettre au desespoir, lui dit tout bas : Devinez qui a la nomination du Roy au Cardinalat ? Le Tellier lui ayant nommé cinq ou six personnes l'un après l'autre : Non, lui dit Lionne, c'est le Duc d'Albret ; il pâlit, & Lionne pensa lui offrir son flaccon d'eau de la Reine d'Hongrie.

Je crois que voici le lieu de parler de la Conversion de M. de Turenne. Elle a fait tant de bruit dans le monde ; les Catholiques en ont été si aises, & les Protestans si fâchez, qu'il faut apprendre aux uns & aux autres la vérité d'un fait dont on a parlé si diversement. Jurieu & quelques autres Ministres ont osé dire qu'il avoit changé de Religion par politique ; mais en le disant, ils se sont exposez à la risée de tout le monde, qui a sçû qu'à la paix des Pirenées, le Cardinal Mazarin, ne sçachant quelle

le

le récompense procurer à M. de Turenne, pour les grands services qu'il avoit rendus à l'Etat, lui offrit l'Epée de Connétable, pourvû qu'il se fît Catholique. L'accommodement de M. le Prince n'étoit pas encore fait, & le Cardinal n'eût peut-être pas été fâché de le mortifier encore ; mais M. de Turenne, en fait de Religion, ne se conduisoit pas par des vûës humaines ; & se voyant attaqué d'une maniére si forte, il se roidit contre la Grace qui vouloit l'éclairer, & demeura encore plusieurs années dans l'incertitude ; il avoit toute sa vie aimé à parler de Religion, dans l'esperance de trouver la véritable en la cherchant. Il me souvient à ce propos d'avoir oüi dire au Cardinal de Boüillon, qu'un jour M. de Turenne s'étant trouvé dans son cabinet avec M. de Belinghemt & Wan-Beuning, Ambassadeur de Hollande, après avoir beaucoup parlé de Religion, Wan-Beuning avoüa que s'il étoit bien persuadé qu'il n'y eût qu'une Religion de bonne, il choisiroit la Catholique ; mais qu'il croyoit qu'on pouvoit aller au Ciel par differens chemins. Si je croyois comme vous, lui dit M. de Turenne, je serois bien-tôt Catholique,

ne faut-il pas toûjours aller au plus sûr ?
Il sentoit assez souvent qu'il manquoit
quelque chose à la Doctrine qu'on lui
avoit enseignée dans son enfance ; les
prémiers préjugez contre la Religion
Catholique s'étoient évanoüis par la
conversation de quelques Evêques de ses
amis ; M. de Choiseul, Evêque de Tournay , & M. Vialart , Evêque de Châ-
lons, l'avoient embarassé ; l'Abbé Bos-
suet, depuis Evêque de Condon , & enfin de Meaux , l'avoit peut-être ébranlé par quelques-uns de ses Sermons , ou
dans une conversation qu'il eut avec lui
chez Madame de Longueville devant sa
Conversion. Le Duc d'Albret son Neveu nouveau Docteur , & frais sur ces
matiéres , lui avoit parlé cent fois. Enfin
le moment arriva ; & sans le dire à personne , sans sonner la trompette, sans os-
tentation , & seulement pour le salut de
son ame , il fit son abjuration dans la
Chapelle particuliére de l'Archevêché ,
entre les mains de M. de Perefixe , dans
un tems où toutes les raisons mondaines
sembloient s'y opposer. Il vit fort bien
qu'il se confondoit par-là dans la foule
des Courtisans qu'on méprise parce que
l'on ne les craint pas ; au lieu que de-

meurant Huguenot, il se voyoit à la tête d'un Parti autrefois si puissant, & qui
feroit ses dernieres efforts pour se soûtenir jusqu'à la fin. Aussi sa Conversion
fut sincere ; & la meilleure pre uve qu'il
en donna fut le zele pour le salut de ses
freres errans. Il dit à l'Evêque de Condom, avec lequel il fit depuis une amitié très-intime, que la plûpart des Huguenots ne se convertissoient pas faute
d'entendre la véritable Doctrine de l'E-
glise Catholique, & lui donna peut-être
les premiéres vûës qui ont produit le Livre admirable de l'Exposition de la Foi,
en lui exposant les Articles qui lui avoient
fait le plus de peine, & qui ne lui en faisoient plus, de la maniére dont l'Evêque
de Condom les expliquoit. Je n'oublie-
rai pas que M. de Turenne ayant pris sa
derniére résolution de se convertir, dit
un matin au Duc d'Albret : Vous allez
être bien aise & bien fâché, je vais me
faire Catholique, & je vous en ai fait le
secret de peur qu'on ne dise que vous
m'avez converti. Je voudrois, si cela se
pouvoit, que personne ne le sçût ; & je
veux trouver un simple Prêtre qui reçoive mon abjuration. Le Dc d'Albret l'assura que la joye étouffoit en lui tout au-

tre fentiment ; mais qu'il le fupplioit de fe fouvenir que M. l'Archevêque de Paris étoit fon Pafteur , & qu'il devoit recevoir fes Inftructions , quand même il ne feroit pas autant de leurs amis qu'il l'étoit. Il y alla , & fit fon abjuration entre fes mains le lendemain , en préfence de Perthuis Capitaine de fes Gardes , de Desroziers fon Maître-d'Hôtel , & de Duhault fon Premier Valet de Chambre , tous trois Catholiques , qui fondoient en larmes en voyant leur Maître rentrer dans le bon chemin. M. Boucherat & M. l'Abbé le Sauvage y furent auffi préfens , je ne fçai pas pourquoi le Duc d'Albret ne s'y trouva pas.

Monfieur de Turenne n'étoit pas alors en faveur. La campagne de 1667. avoit été trop brillante pour luy ; les Miniftres s'étoient réunis contre un fi grand crédit naiffant , & l'année fuivante le Roy lui avoit caché fon entreprife fur la Franche-Comté , & s'étoit fervi de M. le Prince. Son crédit recommença en 1670. lorfque le Roy ayant pris la réfolution fecrette de faire la Guerre aux Hollandois , envoya Madame en Angleterre figner le Traité avec le Roy fon frere. Il n'y eut dans le fecret que cette

Princesse & M. de Turenne; mais il faut
avoüer qu'en cette occasion ce grand
homme fit une faute impardonnable. Il
dit à sa Maîtresse le secret de son Maître. Il avoit la foiblesse d'aimer Mada-
ma de Coatquen ; elle étoit jeune ; il
avoit près de soixante ans. On veut réparer l'âge par un grand amour qu'on
croit marquer par une grande confiance.
Il lui disoit tout ; elle avoit de son côté
une passion bien plus vive. Le Chevalier
de Lorraine à vingt-six ans devoit l'emporter sur un vieux Guerrier. Le Chevalier sçût par elle le Traité d'Angleterre,
& le dit à Monsieur dont il étoit favori ;
& peut-être lui apprit-il en même-tems
les bruits ridicules qui couroient sur le
Comte de Guiche. Quoi qu'il en soit,
Madame mourut peu de tems après d'u-
ne maniére si subite qu'on ne la voulut
pas croire naturelle. Le Roy reprocha
à Monsieur de Turenne son indiscretion,
& l'excusa en apprenant ce qui l'avoit
causée ; mais pour revenir à la Nomination du Duc d'Albret au Cardinalat,
à peine fut-il nommé, qu'il alla trouver Monsieur l'Archevêque de Paris
pour lui en dire la prémiere nouvelle. Il
luy avoit assez d'obligation pour cela ;

mais il fit plus, & luy offrit de lui ceder
une Dignité qu'il méritoit, difoit-il,
beaucoup mieux que lui. L'Archevêque
connoiſſoit le cœur du Duc d'Albret,
ne traita point de ce difcours de compliment, & l'embraſſant avec tendreſſe :
s'il y avoit, luy dit-il, un chapeau
de Cardinal par terre, & qu'il dépen-
dît de moy de le mettre fur vôtre tête ou
fur la mienne, je ne balancerois pas un
moment à le mettre fur la vôtre ; & je
m'en vais de ce pas remercier le Roy au
nom de l'Eglife de France du bon choix
qu'il vient de faire. Il le fit comme
il l'avoit dit. Cependant le Duc d'Albret fongeat aux moyens de faire avancer fa Promotion, malgré tous les obf-
tacles qui fembloient s'y oppofer. Il
envoya un Courier au Cardinal Rofpigliofi Neveu du Pape pour luy en
donner part. Il avoit fait une grande amitié avec luy à fon paſſage de
Bruxelles à Paris en allant à Rome
après l'Exaltation de fon Oncle. Le
Pere Rapin Jeſuite, ami de l'un & de
l'autre étoit alors à Rome, & ne con-
tribuoit pas peu à former entr'eux une
liaifon plus intime. Il n'y avoit aucune apparence que le Pape n'ayant

point encore fait la Promotion de ses créatures, en voulùt faire une particuliére uniquement pour le Duc d'Albret qui n'avoit droit qu'à celle des Couronnes ; & cette Promotion paroiſſoit fort éloignée; ainſi tout étoit à craindre d'un ſi long retardement. Le Prince de Conty & l'Abbé de la Riviere avoient eu longtems la Nomination de France ſans aucun effet ; l'exemple étoit fâcheux & recent. Le Duc d'Albret jeune, plein de feu & d'une imagination féconde ne deſeſpera pas d'y réüſſir. La converſion de Monſieur de Turenne que le Pape avoit regardé comme un triomphe pour l'Egliſe , étoit une conjoncture favorable ; le Siége de Candie en étoit une autre bien plus importante. Cette Ville aſſiegée par les Turcs depuis douze ou quinze ans étoit fort preſſée par le Grand Viſir Cuproly , & le Pape ne ſongeoit qu'à y envoyer du ſecours. Monſieur de Turenne en cette occaſion pouvoit le ſervir auprès du Roi qui pourroit ſeul y envoyer une Armée capable de faire lever le Siége. D'ailleurs le Duc d'Albret étoit déja fort connu de Sa Sainteté ; il luy avoit écrit ſur ſon Exaltation au Souverain Pon-

tificat ; il luy avoit dedié le Recuëil
de ses Theses de Thelogie , ce qui
luy avoit valu , sans que le Roy s'en
mêlât, le *Gratis* de ses Abbayes de Tour-
nus & de Saint Oüen. Il luy avoit écrit
en d'autres occasions par Monsieur le
Duc de Chaulnes Ambassadeur à Rome.
Il résolut, pour avancer cette affaire, d'envoyer à Rome l'Abbé Bigorre , qui y
avoit déja été le Secretaire de l'Ambassade sous le Duc de Chaulnes , & qui
étoit fort connu & aimé de M. de Lionne. M. de Turenne en parla au Roy ,
qui fit écrire au Pape & au Cardinal
Rospigliosi , qu'ils luy feroient un plaisir sensible d'avancer la Promotion du
Duc d'Albret ; S. M. leur promettant
de ne point demander d'autre Chapeau
à le Promotion des Couronnes. Le Roy
eut même la bonté de le dire de sa propre bouche à l'Abbé Bigorre lorsqu'il
prit congé de Sa Majesté , afin qu'il en
pût rendre compte au Pape. Monsieur
de Lionne écrivit en conformité , quoiqu'il crût faire en cela des pas fort inutiles. M. de Turenne se fit prier
pour en parler au Roy. Il n'aimoit
pas à faire le Suppliant , & souvent
manquoit les affaires , parce qu'il ne
vouloit

vouloit pas se donner la peine d'y travailler. Il écrivit néanmoins au Pape
pour informer Sa Sainteté comme Vi-
caire de Jesus-Christ en terre de la grace que Dieu venoit de luy faire de le faire rentrer dans son Eglise. Dès que l'Abbé Bigorre fut arrivé à Rome, il eut audience du Pape. Il luy fit sa proposition.
Sa Sainteté l'assura qu'avec une veritable joye elle comprendroit M. le Duc
d'Albret dans la Promotion des Couronnes, & luy fit bien des complimens
pour M. de Turenne. Elle répondit à
la Lettre du Roy dans les mêmes termes, & s'expliqua encore plus nettement avec l'Abbé de Bourlemont Audi-
teur de Rotte, qui faisoit les affaires de
France en l'absence de l'Ambassadeur.
Le Roy sur ces nouvelles dit à Monsieur de Turenne, il n'y a rien à esperer pour votre Neveu ; mais il est bien
jeune, il peut attendre. Cette indifferen-
ce que le Roy témoignoit là-dessus,
donna occasion au Duc de Crequi qui
avoit été Ambassadeur à Rome, & qui
y avoit conservé quelque commerce,
& au Coadjuteur de Reims, (il n'aimoit pas Monsieur de Turenne) d'é-
crire à leurs amis, afin sans doute

que cela parvint jusqu'aux oreilles du Pape , que le Roy ne se soucioit gueres de cette affaire. L'Abbé Bigorre en ayant eu connoissance , le manda au Duc d'Albret , qui trouva moyen d'en tirer avantage. M. de Turenne & M. de Lionne le dirent au Roy , qui renouvella ses instances avec plus de vivacité , ajoûtant qu'il sçavoit les mauvais offices que des Courtisans envieux avoient voulu rendre au Duc d'Albret ; mais il arriva quelque tems après un incident qui pensa tout gâter. Le Prince d'Aversberg l'un des principaux Ministres de l'Empereur avoit obtenu sa nomination secrette au Cardinalat , & pour y réüssir , il avoit fait dire au Roy qu'il seroit dans ses interêts s'il y vouloit consentir. Le Roy y consentit ; mais le Prince d'Aversberg averti des instances que le Roy faisoit auprès du Pape pour le Duc d'Albret , s'en plaignit , & le Roy le dit à M. de Turenne qui ne balança jamais entre ses interêts & ceux de l'Etat , & étoit prêt de tout sacrifier au Roy , lorsqu'on apprit que le Prince d'Aversberg étoit disgracié , & que l'Empereur avoit donné la place dans son Conseil au Prince de Lokovits , & la nomination au Cardi-

nalat au Prince de Bade Moine Benedic-
tin , Coadjuteur des Abbayes de Fuldes
& de Kampin.

Il arriva dans ce tems un autre incident qui jetta quelque froideur entre le
Duc d'Albret & l'Evêque de Laon. Ils
ne s'étoient jamais fort aimez , se regardant comme rivaux. La naissance & le
merite du Duc d'Albret paroissoient devoir ceder à l'âge & à l'experience de
l'Evêque de Laon. Les d'Estrées étoient
parens de la Reine de Portugal , & par
leurs intrigues ils avoient rompu le mariage du Prince Dom Pedre avec Mademoiselle de Boüillon. L'Evêque de
Laon avoit obtenu la nomination de
Portugal , & le Roy venoit de lui permettre d'envoyer le Sieur Foucher pour
solliciter son Chapeau. Le Duc d'Albret en fut averti , & courut chez M.
de Lionne pour sçavoir si cela étoit
vray. Monsieur de Lionne luy dit qu'oüi;
mais que cela ne luy faisoit aucun tort ,
puisque le Roy en écrivant en faveur
de l'Evêque de Laon , renouvelleroit
ses instances pour l'avancement de sa
Promotion. Monsieur le Duc d'Albret
ne fut point touché des raisons de Monsieur de Lionne , d'autant plus que

l'on parloit déja du mariage de Mademoiselle de Lionne avec le Marquis de Cœuvres, Neveu de l'Evêque de Laon. Tout ce qu'il put obtenir de luy, fut, que si le Roy à la priere de Monsieur de Turenne en reparloit au Conseil, il seroit d'avis de ne point envoyer Foucher jusqu'à ce que le Duc d'Albret fût Cardinal. La chose arriva ainsi. Monsieur de Turenne en parla au Roy, & le Roy en son Conseil ; & Sa Majesté fit dire de ne point envoyer Foucher à Rome. Il l'envoya seulement à Turin où il demeura deux ou trois mois jusqu'à la Promotion du Cardinal de Boüillon. Cependant les Venitiens appuyez de la recommandation du Pape demandoient au Roy des Troupes & des Vaisseaux pour tâcher de faire lever le Siege de Candie. Morosini leur Ambassadeur pressoit fort ; le Duc d'Albret lui fit dire qu'à sa priere M. de Turenne y employeroit tout son crédit. L'Ambassadeur s'en apperçut si bien, que sur son rapport la Republique par reconnoissance ordonna à son Ambassadeur à Rome de presser le Pape pour la Promotion du Duc d'Albret. M. de Turenne avoit eu là-dessus plusieurs Conferences avec Morofini , qui feul de tous les Ambaffadeurs & Miniftres Etrangers eut la permiffion de fuivre le Roy à fon voyage de Flandres. Il fit le voyage avec Monfieur de Lauzun qui étoit une efpece de favori. Le Maréchal de Navailles qui devoit conduire les Troupes du Roy à Candie , difoit auffi tous les jours à l'Ambaffadeur que la République en avoit l'obligation à Monfieur de Turenne , ce qui étoit d'autant plus beau à luy , qu'il avoit une liaifon très-intime avec M. le Tellier , qui n'étoit pas des amis de M. de Turenne. Navailles étoit honnête homme , & rendoit honneur à la verité. Les chofes paroiffoient affez bien difpofées , lorfque le Cardinal Rofpigliofi par ordre du Pape écrivit à M. de Lionne , que fi le Roy vouloit donner la nomination à Monfieur de Turenne luy-même , il le feroit Cardinal le lendemain de l'arrivée du Courier , perfuadé que les plus grands ennemis de la France ne pourroient pas y trouver à redire. Monfieur de Lionne lut à M. de Turenne la lettre du Cardinal Rofpigliofi , & luy cita l'exemple recent de M. le Cardinal de Vendôme : ah ah ¡ M. luy dit M. de Tu-

renne , que ferois-je d'une calotte &
d'une grande queuë ? cet équipage
m'embarasseroit fort. Je vous prie de
remercier bien le Pape pour moy , &
de le prier de faire mon Neveu Cardinal. M. de Lionne en rendit compte
au Roy , qui luy dit : J'eusse été bien
surpris si M. de Turenne avoit taupé à
la proposition. M. de Turenne ne laissa
pas de vouloir s'en divertir un moment,
en disant au Duc d'Albret , vous avez
un Concurrent pour le Cardinalat bien
dangereux. Le Roy n'a qu'à luy donner sa nomination , le Pape offre de le
faire Cardinal à l'arrivée du Courrier.
Ne craignez rien , ajoûta-t-il , ce Concurrent , c'est moy.

C'étoit le tems des incidens tous capables de retarder la Promotion du Duc
d'Albret. M. de Bonzy Ambassadeur
du Roy en Pologne s'étoit trouvé à l'E-
lection du Roy Michel Visnovieski ,
& luy ayant persuadé qu'il y avoit beaucoup contribué , quoique ce Prince
eût été mis sur le Trône par la faction
d'Autriche , il avoit tiré de luy parole de sa nomination au Cardinalat ,
pourvû que le Pape promît d'y avoir
égard à la Promotion des Couronnes ,

& ne fit pas comme Alexandre VII. qui avoit méprifé la nomination du Roy Cafimir. Bonzi, fans perdre de tems, avoit dépêché un Courier au Roy pour le fupplier d'écrire au Pape pour tirer cette parole de Sa Sainteté, qu'il croyoit affez bien difpofée en fa faveur. Ils étoient du même pays, tous deux fujets du Grand Duc. Le Duc de Chaulnes Ambaffadeur du Roy à Rome avoit obtenu du Pape cette parole verbale dans le tems qu'on croyoit que les Polonois éliroient pour leur Roy, ou le Prince de Condé, ou le Duc de Neufbourg; & l'un & l'autre avoient promis leur nomination à M. de Bonzy. M. de Lionne fon ami particulier avoit déja fait la lettre du Roy au Pape, & étoit prêt à l'envoyer, lorfqu'un remords le prit en faveur du Duc d'Albret, jugeant bien que cette nouvelle priere du Roi feroit peut-être un prétexte au Pape, de differer encore fa Promotion qu'il promettoit de faire inceffamment. Il envoya éveiller le Duc d'Albret à fix heures du matin, & le pria de venir chez luy. Il avoit loüé une petite maifon à Saint Germain pour mieux folliciter fon affaire.

Dès qu'il fut entré dans le cabinet de M. de Lionne, ce Ministre lui fit promettre un secret inviolable, même à l'égard de M. de Turenne. Il lui expliqua ensuite l'affaire de Bonzi, lui avouant qu'il n'avoit pas songé qu'en servant son bon ami, il nuiroit peut-être à son meilleur ami ; que le remede étoit difficile, parce que la chose avoit été arrêtée au Conseil, & que M. le Tellier & Colbert l'avoient appuyée de tout leur cœur dans la pensée peut-être d'éloigner sa promotion, qu'il faloit qu'il allât éveiller M. de Turenne,& lui dît qu'à l'insçû de M. de Lionne il avoit appris par un Commis l'envoy de ce Courier,& qu'il falloit l'empêcher de partir en représentant au Roi les inconveniens. M. de Turenne qui sentit l'importance de la chose s'habilla promptement pendant que le Duc d'Albret dressoit le Memoire au Roi.Il monta en haut,& demanda à sa Majesté un moment d'audience dans son cabinet. Il lui expliqua toute l'affaire, & lui donna son petit Mémoire que le Roi fit lire au Conseil.M.de Lionne fut d'avis d'attendre au moins l'arrivée du premier Courier de Rome avant que de faire partir celui-cy: Mais les deux autres Ministres insiste-

rent à le faire partir sur le champ, en
ajoutant seulement aux lettres du Roy,
que Sa Majesté, en faisant cette priere au
Pape, renouvelloit ses instances pour
avancer la promotion du Duc d'Albret.
A la sortie du Conseil, M. de Lionne vint
dire à Monsieur de Turenne & au Duc
d'Albret qui étoit avec lui ce qui s'étoit
passé dans le Conseil, & tâcha de leur
persuader que les additions ordonnées
aux Lettres du Roy remedieroient au
mal, il persuada aisément M. de Turenne qui crut qu'il y alloit du Service du
Roy de s'asseurer au plûtôt de deux Chapeaux, au hazard d'avoir celui de son
neveu un peu plus tard. Le Duc d'Albret, dont l'esprit étoit d'une vivacité surprenante, fertile en expediens, lui dit;
permettez-moi Monsieur de vous dire,
que pour asseurer le Chapeau de M. de
Bonzy, il y a une voye bien plus courte.
C'est au lieu d'envoyer le Courier à Rome, de le renvoyer en Pologne asseurer
le Roy Michel que le Pape ayant promis au Duc de Chaulnes de faire Cardinal l'Ambassadeur de France en Pologne s'il avoit la nomination du nouveau
Roy, il peut en seureté donner la sienne à Monsieur de Bonzy, le Roy se

faisant fort de lui faire avoir son effet.
M. de Turenne & M. de Lionne ap-
prouvoient extrêmement la pensée de M.
le Duc d'Albret: Mais comment faire ? dit
M. de Lionne. Le Roy Michel n'a pas
encore donné part au Roy de son Election, le Roi ne peut pas le prévenir & lui
écrire le premier : Hé bien , reprit M. le
Duc d'Albret, le Roi n'a qu'à écrire tout
ce que je viens de dire à M. de Bonzy ,
& lui ordonner de remettre sa Lettre en
original entre les mains du Roy Michel
pour sûreté de la parole de Sa Majesté.
M. de Lionne ayant approuvé encore ce
nouvel expedient, & donné mille loüanges au Duc d'Albret de la fertilité de
son imagination , conseilla à M. de Turenne de l'aller proposer au Roy , luy
permettant de dire à Sa Majesté que M.
de Lionne l'approuvoit en tout , persuadé que c'étoit le meilleur moyen d'assurer le Chapeau de Monsieur de Bonzi ,
sans reculer la Promotion du Duc d'Albret. M. de Turenne proposa la chose
au Roy , qui étoit pressé d'aller à la
chasse , & qui lui dit : Votre Neveu a
raison , & j'approuve l'expedient , puisque Lionne en est d'avis , lui qui ap-
puyoit le plus l'envoi du Courier à

Rome : Dites-lui qu'il n'a qu'à le dépê-
cher en Pologne ; cela fut fait le même
jour, & tout réuffit. Le Roy Michel,
content de la parole du Roy, donna fa
nomination à Bonzi ; & trois femaines
après, au mois d'Août 1669. le Pape déclara le Duc d'Albret Cardinal, le lendemain de la mort de Don Thomaffo
Rofpigliofi fon Neveu, qu'il feignit d'i-
gnorer, afin de pouvoir tenir le Confif-
toire, & de faire la Promotion. Le Pape
n'avertit que quatre perfonnes de la réfolution qu'il avoit prife de faire le Duc
d'Albret Cardinal ; fçavoir le Cardinal
Giacomo Rofpigliofi, fon Neveu, le
Cardinal Ottoboni Dattaire ; qui fut depuis Alexandre VIII. le Cardinal Azzo-
lini, Secretaire d'Etat, & le Cardinal
Chigi, Neveu de fon Bienfaicteur le Pape
Alexandre V I I I. Il avoit tant de recon-
noiffance des plaifirs que l'on lui avoit
faits, qu'il avoit réfolu de faire l'Abbé
de Lionne Cardinal, auffitôt qu'il auroit pris le Bonnet de Docteur. Il croyoit
devoir la Papauté à M. de Lionne, qui
lui avoit ménagé fecretement l'amitié de
la France, quoiqu'il eût été Nonce en
Efpagne. Le Cardinal de Retz nous a
appris que dans le Conclave où Cle-

ment I X. fût élû , la France souhaitoit
en premier lieu le Cardinal Farneze ; en
second lieu , le Cardinal Rospigliosi ; au
lieu que l'Espagne souhaitoit Rospigliosi
avant tout autre , ce qui fit réüssir son
affaire , la Faction de France ayant aisément donné les mains à son Election. Il
est bon de remarquer que dans le Con-
sistoire, où le Pape déclara le Duc d'Albret Cardinal de Bouillon , il déclara en
même temps qu'il se réservoit un autre
Chapeau *in Petto* pour celui que la Reine Regente d'Espagne , Mere du Roy
Charles II. lui nommeroit. Or elle en
nomma deux ; sçavoir , Porto-carero ,
Doyen de Tolede , par une nomination
publique , souscrite par la Jonte au Conseil d'Espagne ; & le Pere Nitard Jesui-
te son Confesseur , par une Lettre particuliere fort pressante. Le Pape fut assez
embarassé ; & lorsqu'il se vit prêt à
mourir , il se détermina par le conseil
de ses Ministres en faveur de Porto-
carero , qui étoit appuyé de tous les
Ministres d'Espagne. C'est ce qui l'obligea de dire à l'Abbé Bigorre , qui le
remercioit pour le Cardinal de Boüillon : je lui ai donné deux Chapeaux ,
puisque , pour pouvoir lui en donner

un , il m'a fallu en donner un autre à un Inconnu à la nomination de la Reine d'Espagne. Ce fut en 1691. que le Roy donna au Cardinal de Boüillon la Charge de Grand Aumônier de France vacante par la mort du Cardinal Antoine Barberin. Le Public s'imagina que c'étoit à la consideration de Monsieur de Turenne, & il se trompa lourdement , comme la suite de cette affaire le fera voir dans ses plus petites circonstances que je n'ai pas ignoré. On croit communément , & c'est le sentiment de l'Apologiste du Cardinal de Boüillon , qu'il doit toute sa fortune à Monsieur de Turenne ; mais on a déja vû par le récit que j'ay fait de la maniere dont il a été fait Cardinal , la bonne part qu'il y a eu luy-même par son habileté & sa vigilance. Il se doit encore davantage la Charge de Grand Aumônier , puisque Monsieur de Turenne bien loin de le servir luy fut un obstacle pour l'obtenir. Je dirai à propos de cette Apologie tant vantée du Cardinal de Boüillon , que si en la lisant j'ay admiré comme les autres la maniere d'écrire de l'Auteur , j'y ai remarqué beaucoup de faits ou faux ou alterez , où j'ay reconnu d'abord qu'elle n'avoit point été faite par son ordre, puisque jamais il n'y eût laissé mettre qu'il doit toute son élevation à M. de Turenne; que sa vie est une suite continuelle de bienfaits que le Roy a daigné répandre sur sa personne, & y eût peut-être fait couler un bon mot des Evêchez de Liege & de Strasbourg que Sa Majesté a jugé à propos de luy ôter, ce qui pourroit faire compenser les injures avec les bienfaits; mais c'est ce que nous examinerons dans son lieu.

La santé du Cardinal Antoine étoit depuis quelque tems fort alterée; cela faisoit penser à sa dépoüille. Monsieur le Tellier avoit déja eu pour son fils la Coadjutorerie de l'Archevêché de Rheims. Il luy avoit aussi fait offrir 600000. livres pour avoir sa démission de la Charge de Grand Aumônier. Mais l'Evêque d'Orleans depuis Cardinal de Coaslin Premier Aumônier du Roy depuis trente ans, avoit tiré parole de Sa Majesté que personne n'auroit à son préjudice l'agrément de traiter de cette Charge avec le Cardinal Antoine, soit par démission, soit par Coadjutorerie. Les choses étoient dans cet état-là lorsque le Cardinal de Boüillon partit de Paris au mois de Decembre 1669. pour aller à Rome avec le Duc de Chaulnes Ambassadeur de France assister au Conclave qui se tenoit pour élire un Pape après la mort de Clement IX. Il aprit en chemin que le Cardinal Antoine étoit fort malade, & prit dès lors sa résolution de faire tous ses efforts au cas qu'il le trouvât encore en vie pour obtenir de luy la démission de sa Charge de Grand Aumônier. Il en vint à bout ; la santé du Cardinal Antoine se rafermit un peu, & son amitié pour le Cardinal de Boüillon fut si grande, qu'il luy donna parole de luy envoyer sa démission dès que le Roy l'auroit agréé ; mais pendant que le Cardinal de Bouillon negocioit cette affaire à Rome, l'Evêque d'Orleans fit dire à M. de Turenne par Perthuis Capitaine de ses Gardes, & l'ami particulier de l'Evêque, que s'il songeoit à faire tomber à M. le Cardinal de Boüillon la Charge de Grand Aumônier, il n'y songeoit plus, ne voulant pas se trouver en son chemin. M. de Turenne, qui ne sçavoit rien des vûës de son Neveu, & qui dans le vray n'avoit eu aucune idée pour cet-

te Charge , répondit à Perthuis qu'il n'y
penſoit point, & qu'il ſouhaitoit de tout
ſon cœur que M. d'Orleans put l'obtenir. Il l'en aſſura luy-même dès le lendemain , & tous les Coaſlins ravis de n'a-
voir point un competiteur ſi dangereux
l'en remercierent, & s'en vanterent hautement. Le Cardinal fût auſſi-tôt averti
à Rome d'un engagement pris ſi legere-
ment , & capable de renverſer ſon projet. Il n'en écrivit rien à M. de Turenne,
& luy manda ſeulement qu'il ne pouvoit
ſuivre ſon conſeil qui étoit de demeurer ſi
long-tems à Rome ; qu'il avoit déja pris
congé du Pape & du Sacré College,
que ſon équipage étoit parti pour s'en
retourner en France , & qu'il alloit
à Munick voir Madame la Ducheſſe de
Baviere ; qu'il y attendroit des nouvelles de Monſieur de Turenne , &
que s'il le vouloit abſolument , il re-
tournèroit à Rome , quelque dépenſe qu'il fût obligé de faire à cauſe
de ſon âge & de ſa naiſſance. Monſieur de Turenne luy manda à Munick qu'il n'avoit qu'à revenir en France , ce qu'il fit auſſi-tôt. Il luy rendit
compte en arrivant de ce qu'il avoit
négocié avec le Cardinal Antoine,

ſans

fans faire femblant de fçavoir les engagemens que M. de Turenne avoit pris
avec l'Evêque d'Orleans. Alors ce grand
homme vit bien qu'il s'étoit engagé un
peu vîte, & dit à fon Neveu qu'il pouvoit aller fon chemin ; mais que pour
luy, après la fotife qu'il avoit faite,
(ce font les termes dont il fe fervit en
luy avoüant tout) il ne pouvoit en honneur folliciter pour luy ; mais qu'il lui
confeilloit de compter au Roy comme
la chofe s'étoit paffée, & de dire à S. M.
que c'étoit la raifon qui l'empêchoit de
luy en parler. Dès que le Cardinal de
Boüillon fut arrivé, il demanda au Roy
une audience particuliére dans fon Cabinet, & luy déclara que M. le Cardinal Antoine luy avoit promis de luy envoyer la démiffion de fa Charge fi Sa
Majefté l'avoit agréable, la fuppliant
feulement de luy accorder une place de
Prélat, Commandeur de l'Ordre du
Saint Efprit, parce qu'il ne luy convenoit pas de porter le Saint Efprit par
Brevet, comme ayant eu la Charge de
Grand Aumônier ; le Roy luy parut
écouter la propofition avec plaifir ; mais
fans donner de parole pofitive, il luy
dit qu'il feroit bien aife que cela fe pût

faire dans la suite, & qu'il luy donneroit la Charge dans le moment, s'il n'avoit pas promis à l'Evêque d'Orleans son premier Aumônier de ne point agréer que personne, à son préjudice, traitât avec Monsieur le Cardinal Antoine soit par survivance, soit par démission, & qu'il pouvoit le mander au Cardinal Antoine. Il le fit aussi-tôt, & le Cardinal Antoine luy répondit qu'il ne changeoit point de sentiment à son égard, & seroit toûjours prêt à luy envoyer sa démission lorsque le Roy l'auroit agréable.

Les choses en étoient là, lorsqu'un incident pensa tout renverser. M. de Perefixe Archevêque de Paris mourut au commencement de l'année 1671. Il étoit Proviseur de la Maison de Sorbonne. Aussi-tôt tous les Docteurs se dirent publiquement les uns aux autres qu'il falloit élire deux jours après le Cardinal de Boüillon qui étoit de leur Maison & Societé, & dont la naissance & le mérite personnel leur feroit honneur. Il en fut bien-tôt averti, & l'écrivit au Pere Ferrier Confesseur du Roy, le priant de dire à Sa Majesté qu'il auroit été luy-même au Louvre luy en faire part s'il n'avoit pas eu peur qu'on ne crût qu'il alloit demander l'Archevêché de Paris, & que ce qui l'arrêtoit encore davantage, c'étoit qu'il venoit d'aprendre que M. de Perefixe à son insçû avoit en mourant ordonné à l'Abbé de Motte son meilleur ami de dire à Sa Majesté qu'il ne connoissoit personne en France par raport au service de l'Eglise & du Roy, plus propre que le Cardinal de Boüillon à remplir dignement le poste d'Archevêque de Paris.

Le Pere Ferrier plus ami de M. de Chanvallon que du Cardinal de Boüillon, ne se pressa pas de parler de luy au Roy, Sa Majesté luy ayant dit d'abord, à ce que dit le Reverend Pere, qu'elle donnoit l'Archevêché de Paris à M. de Chanvallon, & que pour le bien de son service elle souhaitoit qu'il fût aussi Proviseur de Sorbonne ; & le Pere Ferrier en ayant donné avis au Cardinal, ce jeune homme vif & piqué qu'on luy enlevât ainsi la Provisorerie de Sorbonne malgré tous les Docteurs, s'en alla au Louvre fort échauffé, & representa au Roy dans son Cabinet avec une vivacité surprenante, & même avec des larmes aux yeux qui luy échaperent, que c'é-

toit le deshonorer que de le croire moins
attaché au service de Sa Majesté que
Monsieur de Chanvallon , & qu'enfin
c'étoit le traiter comme le Cardinal de
Retz qui n'avoit pas été Proviseur de
Sorbonne, parce qu'il avoit fait la guerre au Roy , & qu'il étoit alors dans
les Païs Etrangers. Le Roy luy répondit assez froidement , je verrai ; & je
vous ferai sçavoir demain ma volonté.
Le Cardinal de Boüillon qui songeoit
en même tems à plus d'une chose, s'ima-
ginant que la vacance de l'Archevêché
de Roüen pourroit dégager le Roy des
engagemens qu'il avoit pris avec Monsieur l'Evêque d'Orleans pour la Grande Aumôneric , proposa à Sa Majesté de
luy donner l'Archevêché de Roüen , à
quoy Sa Majesté sans doute piquée de
la hardiesse , pour ne pas dire de l'indiscretion du jeune Cardinal , ne répondit rien. Elle eut pourtant la bonté d'ordonner à M. Roze Secretaire du Cabinet d'aller trouver M. l'Archevêque
de Paris pour lui dire de ne parler à
personne de la Provisorerie de Sorbonne , mais Roze intime ami de l'Archevêque raporta sur le champ qu'il en
avoit déja reçû les complimens de tous

les Docteurs , & qu'ainfi l'affaire étoit confommée , foit que cela fût vray , foit que cela eût aidé à la précipiter. J'oubliois de dire que le Roy en parlant de la Proviforerie de Sorbonne , ayant dit au Cardinal que les Docteurs fuivant les apparences luy préferoient un Archevêque de Paris dont ils avoient befoin tous les jours , il répondit fiérement que fi le Roy vouloit bien ne point s'en mêler , il étoit affuré d'avoir dix voix contre une.

Le lendemain le Cardinal s'étant trouvé au Prié-Dieu du Roy avec l'Archevêque de Paris , cet Archevêque croyant adoucir les chofes , lui dit tout bas qu'il fouhaitoit paffionnément que le Roy donnât l'Archevêché de Roüen à une perfonne , qui par fa naiffance & par fon merite pût réparer les fautes qu'il y avoit faites ; mais le Cardinal piqué de ce qui s'étoit paffé, luy répondit: je crois, Monfieur,qu'il y a des gens qui feroient b. enaifes d'être Archevêque de Roüen ; mais pour moi je n'en fais pas l'objet de mes defirs.

Le même jour , le Pere Perrier vint dire au Cardinal de Bouillon que le Roy pour le bien de fon fervice persiſtoit à vouloir que la Proviſorerie de Sorbonne fût unie à l'Archevêché de Paris , que cela ne le regardoit point perſonnellement ; qu'il n'y avoit en cela aucune préference d'eſtime & de confiance, & que pour luy en donner une preuve, S. M. le nommeroit, s'il vouloit, à l'Archevêché de Roüen. Le Cardinal répondit au Pere Ferrier , qu'il étoit prêt d'obéïr au Roy en toutes choſes : mais que dans la conjonêture préſente il acceptoit l'Archevêché de Roüen comme ſi c'étoit l'Evêché de Graſſe , réponſe qui ne plut point au Pere Ferrier, qui alla trouver M. de Turenne pour le prier de moderer , s'il pouvoit, la vivacité du Cardinal. Il fit cependant réflexion de luy-même ſur ce qu'il venoit de faire & s'en alla au Louvre , où il dit au Roy qu'il avoit crû juſques-là , qu'il y alloit de ſon honneur d'être Proviſeur de Sorbonne : mais qu'il en venoit faire le ſacrifice à Sa Majeſté , & que même ſi elle le vouloit , il iroit en Sorbonne parmi les Docteurs donner ſa voix à M. l'Archevêque de Paris. Le Roy lui répondit qu'il ne luy demandoit pas tant & qu'il le remercioit de cet office. Le Cardinal au ſortir de ſon Audience alla

rendre compte à M. de Turenne de tout
ce qui s'étoit passé. M. de Turenne le
gronda fort, & craignit avec grande
raison qu'une si grande hauteur ne luy
fît tort dans l'esprit du Roy & ne nuisît
à la Grande Aumônerie sur laquelle il
n'avoit que de bonnes paroles. Il luy dit
même que l'Abbé le Camus, depuis
peu mort Cardinal, étoit sorti de sa retraite auprès des Chartreux, où il n'é-
toit pas toûjours en oraison, pour le venir avertir que le Roi n'étoit pas content du Cardinal, & qu'il le sçavoit de
bonne part. Le Cardinal, sur cet avis,
s'en alla le lendemain au lever du Roy
& luy dit tout bas lorsqu'il se mit à genoux pour prier Dieu, qu'il étoit pénétré de douleur dans la crainte où il étoit
de luy avoir déplû, & qu'il demandoit
un moment d'audience dans son Cabinet. Le Roi luy répondit avec un visage assez sérieux, M. cela n'est pas necessaire ; & sur ce que le Cardinal insista,
le Roy luy promit avec un visage riant
de le faire appeller, ce qu'il fit un moment après. Dès qu'ils furent seuls, le
Cardinal dit au Roi qu'il venoit luy demander pardon de lui avoir parlé d'u-
ne maniére qu'on disoit luy avoir dé-

plû. Il est vray, reprit le Roy, que je n'ay pas été content de votre vivacité sur la Proviforerie de Sorbonne , que j'ay regardée comme bonne à mon service : Sire , reprit le Cardinal , j'ay encore eu grand tort en ofant propofer à Votre Majesté de donner l'Archevêché de Roüen à M. l'Evêque d'Orleans comme fi elle ne fçavoit pas bien les moyens de contenter tout le monde. Le Roy lui répondit qu'en cela il n'avoit fait aucune faute , puifqu'il étoit réfolu de lui donner la Charge de Grand Aumônier , au plû-tard à la mort du Cardinal Antoine. Le Cardinal penfa fe jetter à fes genoux; mais comme Monfieur alloit entrer dans le Cabinet, il lui dit feulement, Sire, Votre Majesté en vingt-quatre heures m'a vû en deux états bien differents de douleur & de joye , tous deux caufez par mon attachement à fa perfonne & par l'envie de luy plaire.

Au fortir de chez le Roy , le Cardinal alla dire ce qui venoit de fe paffer à M. de Turenne qui le lendemain dit au Roi, Sire , je vis hier au foir un homme bien pénétré de la bonté qu'a eu Votre Majesté de luy pardonner toutes fes fautes & d'y ajoûter encore des graces :

graces : il avoit eu tort , lui dit le Roi ; mais il a bien reparé tout cela , & nous fommes fort contens l'un de l'autre ; depuis ce tems-là le Cardinal fe tint affuré de la Charge de Grand Aumônier , d'autant plus que le Cardinal Antoine , qui languiffoit toûjours, lui fit écrire que M. l'Evêque d'Orleans lui offroit 420000. liv. de fa Coadjutorerie ; mais que pour l'amour de lui, il ne vouloit écouter aucune propofition. Le Cardinal porta fa Lettre au Roi , & lui avoüa qu'il craignoit toûjours que le Cardinal Antoine prêt à mourir, entouré de parens & de Valets ardens à l'argent, ne fe laifsât enfin aller aux follicitations de M. d'Orleans , qui pouvoit bien un beau matin apporter à Sa Majefté la démiffion de fa Charge en fa faveur , & qu'alors elle feroit bien empêchée. Le Roi lui dit qu'il avoit raifon ; & fur le champ, ordonna à Chamarente l'un de fes premiers Valets de Chambre, de dire à M. d'Orleans, qu'inutilement il traiteroit avec le Cardinal Antoine , puifque la Charge de Grand Aumônier ne feroit exercée à l'avenir que par un Cardinal. Ce pas fait , le Cardinal de Boüillon vit fon affaire faite , & attendit en patience, que Dieu difposât de M. le Cardinal Antoine. Il mourut au mois d'Août de la

même année. Le Roi en reçût la nouvelle à Fontainebleau; & si-tôt que M.
de Turenne l'eut apprise , il envoya un
Courier au Cardinal, qui étoit à Saint
Martin , lui conseillant de venir sur le
champ à Fontainebleau , à moins qu'il
n'eut changé d'avis, en pensant que peut-
être ce grand empressement déplairoit au
Roi , après la parole positive que Sa Majesté lui avoit donnée de le faire Grand
Aumônier à la mort du Cardinal Antoine. En effet , M. de Turenne après avoir
reflechi trouva qu'il avoit raison , & lui
manda de retourner à Saint Martin , au
lieu de venir à Fontainebleau. Le Roi
lui avoit dit à l'oreille , le Cardinal Antoine est mort, & je me souviens bien de
ce que j'ai promis à vôtre Neveu. Là-
dessus M. de Turenne dit au Roi , qu'il
avoit mandé au Cardinal de venir incessamment à Fontainebleau, & qu'il n'avoit
pas jugé à propos de le faire. : il a bien
fait, dit le Roi , sa presence n'avanceroit
pas ses affaires , & en cette occasion, il a
mieux pensé que vous.

Cependant le Cardinal croyant avoir
besoin de tout, envoya faire ses complimens à M. l'Archevêque de Paris , avec
qui il étoit en quelque froideur , depuis
ce qui s'étoit passé au College de Navarre

à un Acte de l'Abbé Amelot , & ses
complimens furent si bien reçûs , qu'à
peine fut-il arrivé de Saint Martin au
Cloître de Nôtre-Dame, où il demeuroit
encore, que l'Archevêque le vint voir, lui
apprit la mort du Cardinal Antoine , &
lui souhaita la Charge de Grand Aumônier. Le Cardinal lui avoüa confidem-
ment que cette nouvelle l'embarrassoit,&
qu'il ne sçavoit s'il devoit aller à Fontainebleau. Le lendemain ayant reçû la réponse de M. de Turenne, il alla voir l'Archevêque, & lui dit qu'après y avoir bien
pensé, il n'iroit point à Fontainebleau , &
s'en retourneroit à Saint Martin, ce qu'il
fit. Le Roi avoit dit à M. de Turenne ,
mandez au Cardinal de Boüillon de venir
à Versailles le jour que j'y arriverai , & je
lui donnerai la Charge tant souhaitée.
En effet , elle étoit demandée par le Cardinal Rospigliosi , par l'Evêque de Laon,
qui attendoit à tout moment le Chapeau,
en vertu de la nomination de Portugal ,
par l'Evêque d'Orleans, par l'Archevêque
de Reims, & par l'Archevêque de Tours,
depuis Cardinal de Bonzy. Le Cardinal
de Boüillon ne manqua pas au lever du
Roi ; mais Sa Majesté ne lui parla que de
la nouvelle qui venoit d'arriver , que l'E-
vêque de Laon étoit Cardinal , sans faire

aucune mention de la Grande Aumônerie. Quelque mois se passerent sans qu'on
en parlât. Enfin, un matin que le hazard
avoit fait que le Cardinal au défaut des
Aumôniers avoit fait la priere du Roi, Sa
Majesté lui dit de le suivre dans son Cabinet, où elle lui dit qu'elle lui donnoit la
Charge de Grand Aumônier, & qu'elle
ne l'avoit pas fait plûtôt, afin de regler
certaine choses sur cette Charge, comme
d'en distraire les Maladreries, &c... mais
lui dit le Roi en riant, je vous laisse les
Quinze-Vingts. Le Cardinal en sortant du
Cabinet du Roi, affecta un visage serieux,
pour tromper M. le Tellier, qui l'exami-
noit, & pour avoir le plaisir d'en porter la
premiere nouvelle à M. de Turenne.

Ce fut alors que M. l'Evêque d'Orleans & tous les Coaslins se déchaînerent
contre M. de Turenne, qu'ils accuserent
d'avoir manqué à sa parole, ce qui n'é-
toit pas vrai, sa bonne foi & sa droiture
l'ayant empêché de faire là-dessus aucune
sollicitation auprès du Roi, & s'étant con-
tenté de sçavoir toute la suite de cette
affaire.

J'ai déja dit que le Roi à la sollicitation du Pape & à la priere de M. de Turenne avoit envoyé au secours de la Ville
de Candie, six mille hommes de ses meil-

leures troupes, & sous la conduite du Duc de Navailles. Plus de la moitié y étoit demeuré, & le Duc de Beaufort y avoit été tué. Le Pape ne se rebutoit point, & sollicitoit un nouveau secours ; & pour l'obtenir plus facilement, il résolut enfin de consoler le Roi, & de témoigner à M. de Turenne la joïe qu'il avoit de sa conversion, en faisant le Duc d'Albert Cardinal, ce qu'il fit au mois d'Août 1669. au grand déplaisir de M. le Tellier, & encore plus de M. de Louvois. Ce Ministre si habile dans les détails où sa prévoyance n'oublioit rien, avoit toûjours été mal avec M. de Turenne, qui ne lui faisoit aucune part de ses entreprises ; il prenoit des Villes & gagnoit des Batailles, & ne l'apprenoit que par la Gazette. Le Roi étoit presque dans le même cas, & dit un jour à un Officier qui s'en retournoit à l'armée d'Allemagne ces celebres paroles si dignes d'un bon Roi. Dites à M. de Turenne, que je voudrois bien sçavoir quelquefois ce qu'il veut faire.

Le Cardinal de Boüillon ne songea gueres dans la suite à regagner les bonnes graces de M. de Louvois, il soutint vivement les interêts du Comte de Marsan, jeune Prince de la Maison de Lorraine, qui galantisoit la vieille Duchesse d'Au-

mont, que l'on croyoit riche à millions,
& qu'il ne trouva pas digne de son attachement. Après la mort de M. de Turenne, il obtint pour le Comte d'Auvergne
son frere, la Charge de Colonel general
de la Cavalerie, que ce Ministre pour lui
faire dépit, vouloit faire supprimer comme celle d'Infanterie l'avoit été après la
mort de M. d'Epernon; mais M. de Louvois se vengea bien. L'Evêché de Liege
étoit vacant, & disputé entre le Cardinal
de Boüillon & le Prince Guillaume de
Fustemberg & le Prince de Neufbourg ;
le Cardinal avoit sept voix,& le Prince de
Neufbourg neuf, & le Prince Guillaume
quatorze : mais le Prince Guillaume étoit
prêt à ceder ses voix au Cardinal , lorsque. . . . Envoyé extraordinaire du Roy à
Liege , déclara aux Chanoines par l'ordre
de M. de Louvois,que le Roi ne consenti-
roit jamais à l'élection du Cardinal , &
qu'il aimeroit mieux que ce fût un Etran-
ger : A ces nouvelles le Pape s'attribua ,
comme il ne manque jamais de faire en
pareilles occasions , toute l'autorité de
l'Election , & ne voulant point le Prince
Guillaume , qui étoit désagréable à l'Empereur , il donna un Bref d'Eligibilité au
Prince de Neufbourg , qui fut reçû una-
nimement.

M. le Cardinal de Boüillon après avoir pris congé du Roi, pour aller au Conclave, où fut élû Odescalchi, dit Innocent XI. il me demanda en badinant si je voulois venir à Rome être son Conclaviste, je lui dis que cela me feroit grand plaisir ; je m'en vais partir dans deux heures, me dit-il, mais vous me ratraperez bien, allez-en demander la permission au Roi, & les instructions du Ministre, & vous mettez dans la diligence de Lyon, j'y serai encore dans six jours. Cela fut fait fort brusque-ment, & en arrivant à deux lieuës de Lyon, je trouvai un carosse de M. de Villeroi Archevêque de Lyon, qui m'atten-doit ; & j'arrivai, que le Cardinal étoit encore à table ; je lui rendis compte après dîner, de ce que j'avois fait à Saint Ger-main ; il me demanda si je sçavois l'Ita-lien, je lui dis que non ; & comment fe-rez-vous, me dit-il, la plûpart des Cardi-naux n'entendent point le François : Ho ! Monseigneur, lui répondis-je, cela ne m'embarrassera pas, nous ne serons à Ro-me que dans quinze jours, & je m'en vais tâcher de parler Italien bien ou mal, je le sçaurai quand nous arriverons à Ro-me. Il se mit à rire, & dit ; vous ferez comme vous pourrez, je fis fort bien; mais quand nous fûmes entrez au Conclave, je me trouvai fort déconcerté. J'avois compté sçavoir toutes les négotiations les plus secrettes, & le Cardinal de Boüillon ne me disoit rien. Le Cardinal de Retz étoit son ancien, heureusement le Cardinal de Retz eut la goute, & je lui allois tenir compagnie dans sa chambre ; il me demanda comment je m'accommodois du Conclave ; fort mal, Monseigneur, lui répondis-je, je ne sçai rien, les valets du Conclave en sçavent plus que moi ; ce bon Cardinal avoit envie de me faire plaisir. Outre l'ancienne amitié des Caumartins mes Parens, mon frere étoit Intendant de Lorraine & de Commercy, & lui rendoit tous les services qu'il pouvoit; je veux, me dit-il, vous prendre pour mon Conclaviste, le Cardinal de Boüillon en sera bien aise, & par ce moyen vous sçaurez tout, & serez le Conclaviste general des Cardinaux François. Le lendemain je fus instalé dans ce Conseil, je fis toutes leurs dépêches, ils étoient quatre ; Retz, Boüillon, d'Estrées & Bonzy ; le Cardinal Maldachini étoit reçû parmi eux, quand il y vouloit venir ; mais alors ils changeoient de discours, sans jamais lui dire le secret. Les Cardinaux de Retz & de Boüillon, avoient toûjours quasi les mêmes avis, les

deux

deux autres étoient d'avis contrai-
res ; d'Eſtrées vouloit être Chef du
party, & Bonzi ne penſoit qu'à la fin du
Conclave pour s'en retourner à Montpellier. La faction d'Eſpagne & celle
de l'Empereur étoient les plus fortes ;
elles vouloient Odeſcalchi. Les Cardinaux François ſe ſéparerent, & réſolurent
d'écrire au Roi leurs ſentimens. Je fis
leur dépêche l'un après l'autre. Retz &
Boüillon lui propoſoient Grimaldy qui
avoit quatre-vingt ans, & qui auroit
pour lui la faction des Chigi, & tous
les vieillards, dans l'eſperance de revenir à la paſſe. D'autre côté les Cardinaux
d'Eſtrées & Bonzi lui diſoient des biens
infinis d'Odeſcalchi ; qu'il avoit cinquante mille écus de rente ; qu'il ſoula-
geroit la Chambre Apoſtolique ; qu'il
étoit homme de bien. Le Roy en cette
occaſion fit voir ſa pieté, & manda que
préferablement à tout, il ſouhaitoit le
bien de l'Egliſe, & qu'ils concouruſſent
à l'Election d'Odeſcalchi. Il fut élû le
même jour & proclamé le lendemain,
M. le Cardinal de Boüillon m'envoya à
neuf heures du ſoir, heure induë, demander à Odeſcalchi une audience ſe-
crette ; il y alla, & fut une demie heure
avec lui ſans lui faire aucune propoſi-

tion. Il n'étoit pas homme à en recevoir.
Quand le Cardinal fut sorti je me jettai
aux pieds d'Odescalchi en disant : ho
Basiato il primo gli piedi di vostra santi-
ta , il me répondit , non e Encora ;
mais il me parut qu'il n'étoit pas indifferent à cette nouvelle. Il a toûjours depuis ce tems - là suivi sa pointe , sans oublier que la France lui avoit fait perdre
six années de son Pontificat. On lui donna l'exclusion à la derniere vacance. Il
faut aussi un peu avoüer que l'Assemblée
de M. DC. LXXXII. l'avoit poussé à
bout. On a bien voulu dire quil avoit
envoyé de l'argent au Prince d'Orange ;
mais je n'en crois rien ; la passion ne me-
ne pas si loin les plus gens de bien. Le
Cardinal de Boüillon demeura encore
six semaines à Rome après le Conclave,
faisant une dépense effroyable. Il avoit
vingt-quatre Pages & soixante Valets de
pied le soir au tour de sa chaise avec des
flambeaux de cire blanche, & vingt - huit
carosses de ses livrées dont il en envoyoit
deux à chaque François de Condition
qui arrivoit à Rome. Il dépensa cent mille écus en trois mois de tems. Le Cardinal de Retz fit bien une autre dépense
quand il se sauva du Château de Nantes.
Il craignoit d'être enlevé par le Cardinal

Mazarin. Il prit pour Valets de pied trois cens soldats bien armez sous la mandille.

Je me garderai bien de vouloir défendre M. le Cardinal de Boüillon sur sa derniere escapade. Il n'y a eu ni rime, ni raison. Il écrit au Roi comme à son égal, & dans le tems qu'il étoit prêt de rentrer en grace, il va se jetter parmi les ennemis qui le reçûrent en triomphe. Le Prince Eugene lui fit des honneurs extraordinaires, mais cela ne dura gueres ; car s'étant apperçû qu'il ne lui étoit bon à rien, il le laissa en Flandres sans lui marquer aucune consideration. Il s'en apperçût bientôt, & alla à Rome. Il s'y étoit fort signalé dans son dernier voyage. Cinq ou six vieux Cardinaux l'avoient laissé passer devant eux ; il étoit devenu Doyen, avoit ouvert la Porte Sainte pendant la vacance du saint Siege, & eut grande part à l'Election de Clement X I. Le Pape ne lui en témoigna pas grande reconnoissance, & fit peu de pas pour le raccommoder avec le Roi, qui lui permit seulement de revenir en France en exil, & de joüir de ses Benefices.

Cet exil dura dix ans assez doucement. Le Cardinal alloit & venoit à la Claire près de Lyon, à une maison près d'Orleans, & à une près de Roüen. J'allois

de tems en tems paſſer deux mois avec
lui. Il paſſoit ordinairement par Paris, &
enfin quand il eut pris ſa derniere & fu-
neſte réſolution, il me manda de le venir trouver à Ormeſſon, me fit beaucoup
d'amitiez, ne voulut voir que moi de
tous ſes amis de Paris, & me dit que le
Roi lui avoit permis d'aller viſiter ſes
Abbayes de Flandres. Je lui offris de le
ſuivre à ce petit voyage : il me dit qu'il
vouloit aller ſeul, & que dans ſix ſemaines, je le vinſſe trouver à Roüen. Il ſça-
voit bien qu'il n'y ſeroit pas, & jugeant
bien que je n'approuverois pas un deſſein
ſi mal concerté, il ne voulut pas m'y
embarquer malgré moi. J'ai déja dit
qu'il n'eut pas grande ſatisfaction en
Flandres. Le Pape le reçut à Rome aſſez
froidement, & lui accorda ſeulement
ſûreté de ſa perſonne. Il n'avoit rien à
craindre du Roi, qui ne ſongeoit pas
à le faire arrêter. Il en eut été embaraſſé,
& ne reſſembloit pas à Loüis X I. qui
tint le Cardinal de Balüe treize ans en
priſon.

F I N.